王圣春 ◎ 主编

五育并举
立德育心

华东师范大学出版社
·上海·

图书在版编目（CIP）数据

五育并举　立德育心/王圣春主编.—上海：华东师范大学出版社，2020

ISBN 978-7-5760-0693-3

Ⅰ.①五… Ⅱ.①王… Ⅲ.①德育-研究-中国 Ⅳ.①G41

中国版本图书馆 CIP 数据核字（2020）第 199669 号

五育并举　立德育心

主　　编	王圣春
责任编辑	彭呈军
特约审读	桂肖珍
责任校对	徐素苗　时东明
装帧设计	卢晓红
出版发行	华东师范大学出版社
社　　址	上海市中山北路 3663 号　邮编 200062
网　　址	www.ecnupress.com.cn
电　　话	021-60821666　行政传真 021-62572105
客服电话	021-62865537　门市（邮购）电话 021-62869887
地　　址	上海市中山北路 3663 号华东师范大学校内先锋路口
网　　店	http://hdsdcbs.tmall.com
印 刷 者	上海展强印刷有限公司
开　　本	787×1092　16 开
印　　张	11.25
字　　数	160 千字
版　　次	2020 年 11 月第 1 版
印　　次	2024 年 3 月第 6 次
书　　号	ISBN 978-7-5760-0693-3
定　　价	38.00 元

出版人　王　焰

（如发现本版图书有印订质量问题，请寄回本社客服中心调换或电话 021-62865537 联系）

编委会

主　编

王圣春

副主编

郑　蓉　陈瑾瑜

编　委

李小朴　刘晓艳　钱　燕　胡　敏　李　霞

序

党的十八大首次提出"把立德树人作为教育的根本任务"。2018年9月10日全国教育大会习近平总书记提出要"培养德智体美劳全面发展的社会主义建设者和接班人",强调"凡是不利于实现这个目标的做法都要坚决改过来"。上海基础教育努力落实全国教育大会和习近平总书记的思想,积极探索"立德树人"根本任务,努力将"立德树人"和"五育并举"目标践行到学校的实际中。

徐汇区作为上海市市教委教育综合改革整体试点区,徐汇教育承担着上海市"一体化构建大中小学德育内容体系和工作体系"的综合改革项目。此项目自2016年底开展中小学组团式德育项目建设,学校心理健康教育则是七个项目之一。徐汇区教育局尤其重视此项目,有别于其他项目的中小学各一所"种子校",此项目特设三所上海市中小学心理健康教育示范校为"种子校",覆盖小学、初中、高中不同学段,充分体现徐汇教育希冀规范、加强学校心理健康教育工作的决心。由徐汇区未成年人心理健康辅导中心牵头,将三所"种子校"设置为分中心,围绕学生心理健康教育服务体系建设,构建全社会关心学生心理健康的良好教育生态系统。

南洋中学作为国人自主创办的第一所新式中学,将中华传统文化中富有人文特色的心学,与西方科学心理学体系融合。自1992年以来,经历了起步探索、拓展发展、规范专业、模式形成四个发展阶段,形成极富特色的"设境体验,知行并进"心育模式。在学校积极争创全国心理健康教育特色校过程中,学校发挥"立德育心"的育人优势,连同三所上海市中小学心理健康教育达标校——位育中学、徐汇中学、位育体校组成项目研究共同体,探索"五育并举,立德育心"模式,促进全员、全过程、全方位育人的教育。

《五育并举 立德育心》的出版正是在天时、地利、人和的发展形势中顺势而出。天时——全国教育大会的指导思想,地利——徐汇教育组团式德育发展项目,人和——各所学校鲜明的办学特色:位育中学作为市实验性示范性高中智育优势明显,高考成绩突出,在高考改革中一些社会关注的热点数据稳中有升、持续向好,探索"智心融合,培养有驱动力的学生";徐汇中学作为一所完全中学,艺术教育成绩突出,学校以美促德,以美促心,在真实的教育教学活动情境下,促进学生的身心和谐发展,总结"美心融合,培育有悦纳力的学生";位育体校是一所十二年一贯制的青少年体育运动学校,在培养较高体育运动技能的全面发展的竞技体育后备人才过程中,需要同伴教育助力激发学生的内在抗逆因素,提升学生的抗逆力,研究"体心融合,培养有抗逆力的学生";百年老校南洋中学在坚守着"知行并进、为己积福、为家增光、为国桢干、为天下肇和平"的育人思想中,一方面结合高中三个年级的德育目标——认同、坚韧、责任,设定学校心育三个知情意行育人目标——自信、韧性、负责,探究"德心融合,培养有内化力的学生",另一方面运用"设境体验 知行并进"心育模式,将劳育与心育融合,在学校劳育中增强学生的劳动意识,培养学生的劳动观念,提升学生的劳动能力,激发学生的劳动热情,总结"劳心融合,培育有责任力的学生"。

以南洋中学牵头的学校心理健康教育组团式项目成果《五育并举 立德育心》通过聚焦五育并举,培养全面发展的人,探索心理健康教育与德智体美劳的融合,形成前沿性的、探索性的一定经验。同时让区域内心理健康教育达标校归纳总结,形成本校心理健康教育的品牌和特色,达到组团式德育项目预期的效果。希望有更多示范校能发挥好自身的示范、辐射作用,也希望有更好的项目来提升上海市中小学心理健康教育的水平。

沈之菲

目 录

第一章 "五育并举 立德育心"项目顶层设计 /1
第二章 德心融合,培养有内化力的学生 /15
第三章 智心融合,培养有驱动力的学生 /53
第四章 体心融合,培养有抗逆力的学生 /85
第五章 美心融合,培养有悦纳力的学生 /117
第六章 劳心融合,培养有责任力的学生 /139
参考文献 /171

第一章

"五育并举 立德育心"项目顶层设计*

---
* 作者：上海市南洋中学 编写组

一、"五育并举 立德育心"项目缘起

(一) 组团互助发展

为进一步深化基础教育教学改革,让"立德树人"根本任务和"五育并举"目标真正落地,发挥各校办学优势特色,深入推进心理健康教育,上海市南洋中学、位育中学、徐汇中学、位育体校组成项目研究共同体,探索在"五育并举 立德育心"模式中促进全员、全过程、全方位育人。五育并举,相互"嫁接"融合,推动新时代学校的新发展,达成立德树人的根本育人任务。

(二) 学生成长需要

教育部印发的《中小学心理健康教育指导纲要(2012年修订)》中提出,中小学心育总目标是:坚持立德树人、育人为本,注重学生心理和谐健康,提高全体学生的心理素质,培养他们积极乐观、健康向上的心理品质,充分开发他们的心理潜能,促进学生身心和谐可持续发展,为他们健康成长和幸福生活奠定基础。开展中小学生心理健康教育是社会和时代发展的必然要求,在构建和谐社会时要注重促进人的心理和谐。社会主义和谐社会需要人的心理和谐,深化心理健康教育,能有效促进中小学生的自我和谐,能有效促进中小学生的人际和谐,能有效促进中小学生的环境和谐。

2014年教育部研制印发《关于全面深化课程改革 落实立德树人根本任务的意见》,提出"教育部将组织研究提出各学段学生发展核心素养体系,明确学生应具备的适应终身发展和社会发展需要的必备品格和关键能力"。从人文底蕴、科学精神、学会学习、健康生活、责任担当、创新实践六个方面培养全面发展的人。

在快速发展的新时代背景下,新时期中小学生心理健康状况不容乐观,在学习、人际交往、自我意识、情绪调控、生涯成长等方面的状况有待引导提升。

(三) 项目时代背景

2019年6月,国务院办公厅印发的《关于新时代推进普通高中育人方式改革的指导意见》指出:"全面贯彻党的教育方针,落实立德树人根本任务,发展素质教育,遵循教育规律,围绕凝聚人心、完善人格、开发人力、培育人才、造福人民的工作目标,深化育人关键环节和重点领域改革,坚决扭转片面应试教育倾向,切实提高育人水平,为学生适应社会生活、接受高等教育和未来职业发展打好基础,努力培养德智体美劳全面发展的社会主义建设者和接班人。"

深化基础教育改革,把增强学生社会责任感、创新精神、实践能力作为重点任务贯彻到国民教育全过程。

二、"五育并举 立德育心"内涵

(一) 项目设计思想

1. 育德与育心

育德,是对学生的世界观、道德观的促成,是根据社会的要求和德育规律,自上而下有目的、有计划、有组织地对学生施加系统的思想政治、道德影响,培养学生良好的思想意识和道德品质,培养他们科学的世界观、人生观、价值观,以及遵纪守法的意识和文明的行为习惯的教育活动。育心,是对学生的个性发展和社会适应的关注,是教育者根据受教育者的生理和心理发展特点,运用有关心理教育的方法和手段,培养受教育者良好的心理素质和心理机能的教育活动。育心与育德应相互融合,共同推进。把育德与育心有机结合,在教育内容和形式上相互交叉、相互渗透,共同塑造学生的美好人格和道德品行。

2. 心育与全育

心育能够协助学生塑造个人品格,而全育则促进学生成为德智体美劳全面发展的人。将心育融入各个学科中,才能让学生心理发展的需要与德智体美劳全面发展的要求结合起来,做到协同发展。心育的成果需要全育的协助,全育的最终成果也指向心育的目的。

3. 专员与全员

立德育心，专员带头，全员参与。心理专职教师具有专业性，在心育工作中要发挥其专业性。而立德育心需要每位教师在学科教学、教育活动、家校社融合中肩负起培育学生核心素养和积极心理品质的重任。

(二) 项目设计的心理学理论

1. 发展心理学

教育是心理学应用的一种手段，通过教育，帮助学生塑造自己的人格，提高自己的社会适应性。心理学也同样可以体现在教育过程中，能够改善教育方法，帮助学生更好地学习，达成更好的学习效果。通过学生的认知、情绪和意志行为将两者适当地整合到一起，以培养全面发展的优秀学子。

2. 积极心理学

积极心理学采用科学的原则和方法来研究幸福，倡导心理学的积极取向，以研究人类的积极心理品质、关注人类的健康幸福与和谐发展。以积极心理学的理念为指导，提高全体学生的心理素质，培养他们积极乐观、健康向上的心理品质，充分开发他们的心理潜能，促进学生身心和谐可持续发展，为他们健康成长和幸福生活奠定基础。

3. 情感教育观

情感教育强调育人过程中，要创设有利于学生学习的和谐融洽的育人环境，妥善处理好育人过程中情感与认知的关系，充分发挥情感因素的积极作用，通过情感交流增强学生积极的情感体验，培养和发展学生丰富的情感，激发他们的求知欲和探索精神，促使他们形成独立健全的个性和人格特征。情感教育是个性教育的重要条件和基本原则，而个性教育的深厚基础是人的全面发展，是以全面发展教育为基础的，"五育"之中都必不可少地存在着情感教育。

4. 人本主义观

在教育教学中，教师要发挥主导作用，学生是教育教学的主体，而教师对待学生的态度又处于决定性的地位。依照人本主义心理学家罗杰斯所言，教师要做到移情性理解，从学生的角度出发，敏于学生的心理世界，给予学生充分的理解；及时体察学生的各种情况,给予他们足够的关心;时刻怀着一颗真诚的心去迎接每一位学生。

(三) "五育并举 立德育心"模型

在新时代背景下培育具有文化底蕴、自主发展、社会参与的全面发展的学生,构建"五育并举 立德育心"心育模型,注重心育与五育的有机融合,以学生为主体,围绕学生、关心学生、服务学生,引导学生树立远大理想,树立正确的世界观、人生观、价值观,敢于有梦、勇于追梦、勤于圆梦。一是挖掘五育中的心育元素,在整合中促进学生积极情感的发展和培育。二是将科学的心理学技术方法融入到五育当中提升五育效率,进而在德心融合中,侧重提升学生内化力;在智心融合中,侧重提升学生驱动力;在体心融合中,侧重提升学生抗逆力;在美心融合中,侧重提升学生悦纳力;在劳心融合中,侧重提升学生责任力,指向培育适应终身发展和社会发展需要的必备品格和关键能力的现代学子,为中国特色社会主义伟大事业培养德才兼备、全面发展的建设者和接班人。

图1 "五育并举 立德育心"模型

三、心育与五育融合的关键要素

(一) 心育与德育的融合

德育与心育虽然存在一定的区别,但他们之间的联系极为密切,二者的终极目标殊途同归,都是以学生成长需求为出发点,培育学生的健康人格和全面发展。健康的心理是学生全面发展和成才的基本条件,心育为德育和其他教育创造了条件,而德育通过对学生思想品德的熏陶和塑造,对学生的心理状况的稳定和改善发挥着积极影响;二者遵循的教育规律具有一致性,德育和心育都需以学生的生理、心理和认知发展水平为出发点,遵循由易到难、螺旋上升的教育规律,也都必须结合学校、家庭、社区三方面的教育力量,给学生营造一个积极健康的人文环境,使学生全面、健康、和谐地发展;二者的服务主体性具有一致性,都需要充分考虑学生的主观能动性在发挥教育功能中所起到的决定性作用;二者在个体思想品德形成发展过程中具有一致性,学生的思想道德品质形成发展过程,其实质就是个体的知、情、意、行四个基本教育要素相互结合的发展过程。

培养道德健康的人,意味着学校德育必须关注学生的生活世界,解决学生道德上的困惑与难题,并由此形成一种道德的、健康的生活方式,这就需要心育的补充,同时德育也需要引入心育的理念和方法,促进学生的自主成长。

(二) 心育与智育的融合

当代认知心理学家指出,没有任何目标比"使学生成为独立的、自主的、高效的学习者"更为重要。学习是一个人终生都要面临的任务,学习策略训练是提高学生学习成效的重要途径和方法。引导学生审视自己的学习动机,把当前的学习行为与自己的理想和自我发展紧密联结,提升学习自主性;开发学生的智力因素,注重意志品质、自我激励、自我控制和耐挫力等非智力因素的训练,在学习知识的过程中发展学生的个性,开发学生的学习潜能。注重学习策略指导与训练,提升学生的元认知能力;注重创新思维的培养,以超常规甚至反常规的方法、视角去思考问题,提出不同于常规的解决方案。在智心融合中,更新教学理念,变主动"教"为主动"学",通过解决学生学习的内在动力性因素,培育有驱动力的学生,以培养学生主动探索、主动创新的科研精神。

(三) 心育与体育的融合

体育不是单纯技艺、技能的训练,它与心理素质教育的深度关联体现为在个体突破体能与智能自我局限的过程中,展现出应有的意志品质。体育与德育、智育相比,本身更具有直观的活动性,而活动是联结主体与客体、自我与他人的桥梁,皮亚杰的理论表明个体拥有的心理活动乃至人格状态都来源于自身与自然和社会环境的互动。学生在体育教学与体育活动中,通过自我的突破与挑战,激励自我永不言败的意志品质。学生通过体能训练的各种挫折磨难,以及竞技中对心理承受力的考验,最终发现无限的生命潜能。

积极心理学的研究表明,相对于一般人而言,具有积极观念的人具有更良好的社会道德和更佳的社会适应能力,他们能更轻松地面对压力、逆境和损失,即使面临最不利的社会环境,他们也能应付自如。注重心育与体育的融合,既锻炼了学生的身体素质,又培养了学生的抗逆力等积极的心理素质,是做好学校心育工作的一大途径。

(四) 心育与美育的融合

爱美之心,人皆有之。古今中外皆推崇以美育促进德育和心育。"温柔敦厚,诗教也。"中国古代教育家早已将德育寓于美育,六经之中《乐经》就是音乐教材,《诗经》则是绝好的文艺教科书。蔡元培先生认为:"所以美育者,与智育相辅而行,以图德育之完成者也。"郭沫若说:"人的根本改造应从儿童的感情教育、美的教育入手。"美育以其独特方式陶冶人的性格,潜移默化地调节情绪,促进人的心理健康。

"艺术表达性辅导"认为每个人都是一个独立的有朝气的个体,具有生命的创造力,经历表达与自我理解,个体累积的经验可以整理与重构,最终形成独立的思想和人格。因此,"艺术表达性辅导"的核心是创意与创造力,借助非语言的多元媒介,如游戏、活动、绘画、戏剧、音乐、舞蹈、意识等方式,在创作的过程中,透过不同的方式表达独特的自己,释放被语言文字所压抑的情感经验,重新回顾、检视、整理、接纳、整合经验,找到新意义,找到自我激励的力量,提升个人生命的深度和广度,加强心育与美育的融合,提升学生悦纳力。

(五) 心育与劳育的融合

劳动教育是全面贯彻党的教育方针的基本要求,是实施素质教育的重要内容,是培育和践行社会主义核心价值观的有效途径,其教育目标是增强学生的劳动意识,培育学生的劳动观念,提升学生的劳动能力,激发学生的劳动热情。劳动教育是一种开放的、因人制宜的幸福教育,教会青少年以劳动获取幸福生活、以智慧劳动创造生活,是具有经验性、先进性、前置性的人生核心素养培育活动,劳动教育具有幸福属性。"劳动永远是人类生活的基础,是创造人类文化幸福的基础",设境历练,以劳育心。劳育与心育生涯发展课程融合,助力学生了解自我,对自己未来职业负责;劳育与职业体验课程融合,助力学生在劳动体验中了解社会,了解职业;劳育与德育主题活动融合,提升学生劳育责任意识;劳育与志愿服务等各项实践活动有效融合,培育学生劳动精神,助力学生社会担当;在研究型课题实践中,提升创新型劳动能力。

四、项目学校在"五育并举 立德育心"中的实践探索

(一)南洋中学:德心融合,培养有内化力的学生

作为国人自主创办的第一所新式中学、上海市实验性示范性高中,百年多来,上海市南洋中学一直坚守着"知行并进、为己积福、为家增光、为国桢干、为天下肇和平"的育人思想。作为上海市中小学心理健康教育示范校,学校历来重视心理健康教育工作,形成讲求修身立德、责任担当的"设境体验,知行并进"心育模式。结合高中三个年级的德育目标:认同教育、坚韧教育、责任教育,学校心育也设定了"自信、韧性、负责"三个融知情意行于一体的育人目标。通过德育与心育的课程融合、德育活动中融入心育内容、德育与心育配合教育学生、心育助力社区与家庭教育等方法与途径,以期培养出具有现代中国学子品质的南洋学生。当前,学校的"育德育心"已形成了"育人为本,德育为先,心理和谐,共同成长"的校园文化。学校连续多届被评为"上海市文明单位"、"上海市优秀家长学校"、"上海市平安单位"等,近年来,学校先后获得"上海市中小学行为规范示范校"、"上海市中小学家庭教育示范校"等称号。"党建引领 知行南洋在行动"立德育心项目,获评全国中小学德育工作优秀案例。学校编辑出版的《设境体验 知行并进——中学心育ABC》成为带动区域内部分市实验性示范性高中、区实验性示范性完中及特色学校共同开展心育工作的基本教材。心理健康教育活动月项目荣获多项市区级奖项。学校将持续着眼于"学生全面发展",使德育与心育"交融"达到最佳。

(二)位育中学:智心融合,培养有驱动力的学生

位育中学是上海市首批实验性示范性高中之一,学校坚持师生双自主发展的办学理念,以培养有理想、有道德、有文化、有纪律的德智体美劳全面发展的、能适应21世纪社会经济发展需要的社会主义事业接班人;培养有自主意识、创新意识、民主意识、

国家意识、数字意识、国际意识的时代新人；以使未来中国经济社会发展各领域的高端都有位育中学的毕业生为育人目标。

在教育教学实践中，位育中学坚持智育与心理教育相融合，以课程建设为抓手，促进智心融合，培养有驱动力的学生。通过智心融合，提升学生自主发展的能力，激发学生自主发展的驱动力，从而实现学生的自主发展。

学校通过搭建完善的课程平台，以基础型、拓展型、研究型课程为主干，构建学校课程体系。在课程实施中，通过智力教育培养学生非智力因素，让学生在智育中体验成功，从而增强信心，提高兴趣，激发学生驱动力。在课程活动中，以非智力因素促进智力因素，提升学生的内驱力。在课程建设中培育校园文化，智心融合，巩固学生的驱动力。同时，学校积极促进家校社融合，为培养学生驱动力提供合力，创造有利于学生成长的外部环境。

位育中学借助学校课程建设、家校融合等途径方法，有效地实现了智育与心理教育的有机融合。在智育中，满足学生在求知、情感、归属及价值观等方面的基本需求，使师生在轻松愉悦的环境下共同成长以及享受教育带来的幸福，最终培养有驱动力的学生。

（三）位育体校：体心融合，培养有抗逆力的学生

体育，具有改变世界的力量，同时也应该具有帮助学生更好成长的力量。"风浪不是将人打垮，就是助人成长"，奥运冠军并非天生第一，他们的运动生涯也不是一帆风顺，每一块奖牌的背后都饱含了运动员的汗水和泪水，写满了他们的梦想与坚持。基于此，学校秉持"护航金牌梦想，在体验中塑造运动员学生的健康人格"的心育理念，努力挖掘"体育精神"的丰富内涵，将培养学生的抗逆力作为我校体心融合教育的核心目标。

学校开展学生抗逆力现状的调研，以多种途径提升学生抗逆力水平，帮助他们加强自我认知、增强自信心、提升归属感。通过邀请奥运冠军、体育名人进校讲座，组织优秀校友回校访谈会，播放奥运选手演讲视频等方式，与心理辅导课程、班集体活动、主题班队会、心理健康教育周等相结合，让同学们与竞技体育中的顶尖运动员面对面，了解他们是如何面对艰苦的训练以及几乎是必然面临的伤病和怎样疏解大赛的巨大

压力,即使在逆境中也能保持乐观、坚持梦想的。更通过同伴辅导员、学生心理社团活动等,以同伴教育的方式向全体运动员学生辐射、普及心理学知识,提升抗逆力。引导学生在比赛中既要勇于遵守规则地赢,又要敢于体面尊严地输,乐于挑战艰难、超越自我,善于自我调节压力、增强心理弹性,冷静看待比赛结果,理性分析问题,寻找改善的对策。同时,教育学生把这些能力迁移到文化学习乃至生活的各个方面,延伸到后续的成长过程中去,真正成为学校办学宗旨中提出的"既有较高体育运动技能,又有良好文化素质的全面发展的竞技体育后备人才"。

(四) 徐汇中学: 美心融合,培育有悦纳力的学生

依托自身特色,上海市徐汇中学通过"心课程、心活动、心管理"推进美育与心育的融合,以美促心,培养学生的悦纳力,促进学生多彩发展。在课程方面,发挥课堂教学的主渠道作用,鼓励艺术教师和心理教师从课程目标、教学方法、课程评价上落实美心融合;在活动方面,利用节庆纪念日、仪式教育活动、心理月、研学、志愿服务等契机,开展形式多样、艺术和心理相结合的教育活动,鼓励学生多方面地展现自我,引导学生通过艺术觉察、表达、接纳情绪,在合作中学习人际沟通;在管理方面,提供多级协同平台鼓励艺术学科教师、心理教师间的交流与合作,促进美育心育并举,并能延伸至家庭教育。

在美心融合的实践中,我校总结出如下经验:1. 以美促心的重点是课程与活动。课堂是促进学生学习的主要渠道,活动是丰富学习生活的主要方式,美育可以通过课程和活动,润物细无声地渗透心育。2. 以美促心的动力是改革与创新。逐步推进,开拓创新,鼓励多级协同,形成育人合力,促进课程变革与教学方式转变,使美育与心育在教育教学中得以不断融合。3. 以美促心的重要支撑是协同与分享。美心融合需要协作平台的搭建,需要艺术学科教师与心理教师开展广泛的交流与合作,促进不同学科之间的经验分享,取长补短,更优发展。

(五) 南洋中学: 劳心融合,培育有责任力的学生

劳动教育是全面贯彻党的教育方针的基本要求,是实施素质教育的重要内容,是

培育和践行社会主义核心价值观的有效途径，其教育目标是增强学生的劳动意识，培育学生的劳动观念，提升学生的劳动能力，激发学生的劳动热情。

我校学生处在高中阶段，学校重点关注劳动精神、劳动创造，以及劳动与自身职业发展规划、升学专业取向选择、未来幸福生活之间联系等方面的教育。运用"设境体验，知行并进"心育模式，劳育与心育融合，在学校劳育中培育学生创新、负责等核心心理素养，侧重培养学生的责任力。

在劳心融合的实践中，我校总结出如下经验：1. 头脑创意与动手实践相结合，在创新劳动中提升负责的能力。开设培养学生劳动技能的劳技课，开发创设提升创新劳动能力的人工智能课程，同时通过科技节、社团活动、小课题研究等头脑创意与动手实践活动，在创新劳动中提升学生的负责能力。2. 个人发展与社会理解相结合，发展对社会担当负责的能力。学校开设将个人发展与社会理解相结合的心育课程，开展人工智能时代下对劳动新思考的主题班会课程，借助杰出校友来校主题讲座、纪念日活动课程来培养有道德、勇担社会责任的追梦人。3. 自主体验与服务精神相结合，在践行中提升服务责任力。通过学军学农社会实践自主体验、学校创设的校内外学校十大志愿服务实践基地志愿服务践行、假期职业体验日、寻找城市奋斗者等实践活动，知行并进，将自主体验与服务精神相结合，提升服务责任力。劳育并不仅仅是学校的责任，还需要家校社共同合作。充分利用家长会等渠道，与家长积极沟通，帮助学生从家庭开始，树立良好的劳动观，并且利用公众号、微博等渠道，将学生的劳动成果展示出来，激发学生的劳动积极性。

南洋中学在劳心融合中进行了初步的探索，在社团活动、志愿服务以及课题研究等领域都获得了一定的成绩，学校也正在梳理《设境历练　创造幸福》劳育书籍，总结劳心融合教育经验。

五、"五育并举　立德育心"效果

研究运用"五育并举　立德育心"心育模式，探索心育与五育贯穿、整合发展的路径，培育学生积极心理品质，从而实现各校的总体育人目标。一是强化了学校将心育与五育融合的意识,有效探索心育在学校工作中推进的宽度和深度;二是整合各校特点,探索出学校特色与心育工作的融合路径,推进学校校园文化的发展,促进各项目学校育人目标的达成;三是构建"五育并举 立德育心"心育模型,为其他学校开展心育提供可复制可借鉴的模式;四是成立了学校心育探索共同体,推动新时代下学校的新发展,落实立德树人的根本育人任务。

南洋中学在"育人为本,德育为先,心理和谐,共同成长"的德心融合中,运用"设境体验,知行并进"的心育模式,提升了学生的内化力,培育了学生自信、韧性等良好心理品质。

位育中学通过培养良好的非智力因素助力学生成才。在课程建设和实施中,综合实践活动坚持以课程为载体,使学生能够融入社会,感触生活,通过参与、体验与感悟,增强学生对社会的认识和理解,发展学生的批判思维,增强学生的社会责任感,提高学生的参与能力,提升综合素养。

徐汇中学以美促德,以美促心,在真实的教育教学活动情境下,美育与德育、心育有机融合,促进学生的身心和谐发展,培养出有科学素养、艺术修养、人文涵养、文化教养的高情商徐汇人。

位育体校发挥学校体育育人特色,借助同伴教育激发学生的内在抗逆因素,提升学生的抗逆力,培养出既有较高体育运动技能,又有良好文化素质的全面发展的竞技体育后备人才。

南洋中学在劳育心育融合中,有效地将劳动精神、劳动创造,以及劳动与自身职业发展规划、升学专业取向选择、未来幸福生活建立联系,立德育心,将学校劳育、心育有机融合,探索在头脑创意与动手实践、个人发展与社会理解、自主体验与服务精神等相结合中,如何培育新一代有责任力、有担当的南洋学子。

第二章

德心融合，培养有内化力的学生*

---

* 上海市南洋中学　胡敏　晏雁

一、学校特点

  1896年成立的上海市南洋中学是国人自主创办的第一所新式中学,上海市实验性示范性高中。124年来,学校一直坚守"知行并进、为己积福、为家增光、为国桢干、为天下肇和平"的育人思想,恪守"俭朴、好学、自主、求实"的校训。同时作为"上海市中小学心理健康教育示范校",学校历来重视心理健康教育工作,形成了讲求修身立德、责任担当的"设境体验,知行并进"心理健康教育模式。学校心理健康教育的目标,与学校德育教育总目标是一致的。既落实了学校"知行并进"的育人理念和"好学、求实"的校训,又体现了心理健康教育注重体验,提升学生知情意行各心理品质的本质特点。学校的培养目标与学生心理品质提升的手段方法和谐统一,能够促进学生个性充分健康发展。在立德树人的大背景下,学校将《中小学德育工作指南》和《中小学心理健康教育指导纲要(2012年修订)》落到实处。

  当前,"育德育心"实现了学校心理健康教育与学校教育教学的全面融合,并固化于制度。在高考改革形势下,学校持续加强德育与心育融合,既符合十九大以来提出高中阶段教育优质特色发展,以新的气象、新的举措、新的作为,培养全面发展的人才的基本要求,也符合现代教育发展的必然趋势。学校从"主体性、体验性、实践性"大德育视角着眼,立足"聚焦学生主体",做到课程育人重"融入"、活动育人重"导向"、实践育人重"体验",并业已形成了南洋"育人为本,德育为先,心理和谐,共同成长"心育文化。2018年学校编辑出版了《设境体验 知行并进——中学心育ABC》一书,该书关注学生的全面发展,以育心树人为核心,以《中小学心理健康教育指导纲要(2012年修订)》为指导思想,对中学的心育工作进行了总结思考。此书同时也是学校作为种子校,带动区域内部分市实验性示范性高中、区实验性示范性完中及特色学校共同开展心育工作的基本教材。

二、德育心育融合目标

德育是按照国家意志的要求，自上而下、有目的、有计划、有组织地对学生施加系统的思想政治、道德影响，培养学生的思想意识和道德品质。心育是自下而上、有目的、有计划地对学生的心理素养施加直接或间接的影响，使学生掌握增进心理健康的途径和科学有效的学习方法，养成良好的学习行为习惯，发挥潜能，培养创新精神和实践能力，促使学生全面发展。

《中学德育大纲》中明确指出："德育即对学生进行政治、思想、道德和心理品质教育。"并把个性心理品质的培养列为德育目标之一，把良好个性心理品质的教育作为德育不可缺少的内容，把对学生进行心理健康教育和指导作为实施德育的重要途径，从而使中学生的品德结构更为完整。学校道德教育的核心是人生观问题，其目标在于完善学生的道德品行，心理健康教育则是培养个体良好心理品质的教育。尽管德育与心育在教育的侧重点与内容方面不尽相同，但二者的最终目标是一致的。心育的最终目标是塑造学生健康的人格，发展个性。德育与心育所追求的最终目标均是为了学生更好地适应社会的需求，形成健康的个体。

(一) 学校德育目标

南洋中学传承传统育人目标，针对现代学生特点，确立鲜明的育人目标和主题，根据不同年级学生特点循序渐进、目标明确地培养现代社会所需人才。学校"十三五"规划中德育工作的基本目标为：坚持把社会主义核心价值体系融入教育全过程，坚持立德树人，高中以"知行"教育为主线，继承传统，创新发展，根据中学生的认知特点和成长规律，通过学生自我管理、自我教育等方法，促进学生健康心理人格的形成与发展。

学校的思想品德教育积极探寻育人规律、设立科学体系，创设新的德育氛围和德育方法，培育新时期合格、优秀的南洋学子，培养社会发展需要的高中毕业生。在传承学校传统德育教育的同时，又赋予其新的时代意义。学校根据三个年级学生的生理和心理发展规律，设定不同的德育教育主题：高一年级——认同教育，高二年级——坚韧教育,高三年级——责任教育。通过分阶段、分层设计教育目标,实施教育方法,以达到育人目标。

年级	主题	德育目标
高一	认同教育	知行并进、融入集体、认同学校、理解社会、爱国荣校。
高二	坚韧教育	知行并进、坚定信念、坚持标准、坚守操行、追求卓越。
高三	责任教育	知行并进、为己造福、为家增光、为国桢干、为天下肇和平。

认同教育:高一学生需要认同自己的定位,认同家长对自己的希望,认同学校对自己的要求,认同自身在社会中的角色。通过让学生熟悉和知晓规章制度,制定班级公约和管理办法,引导学生适应学段转换;利用各项各类活动,引导学生参与各项集体活动,形成新的集体;树立学生榜样,引导学生向优秀学生学习。

坚韧教育:高二是高中阶段承上启下的一年,是高中学生发展的关键阶段,根据学生特点,通过班主任、任课教师和学生干部"三管齐下"的教育工作模式,利用学农、选科等教育契机培养学生的坚韧品质,对其健康"三观"的形成起着至关重要的作用。

责任教育:通过引导高三学生在繁重学业压力下思考学习成绩的意义和如何达成自我目标,教育学生学会对自己负责,捍卫自己在班级、学校的荣誉,对学校负责,从而在成人之后担负起各方面的责任。

(二) 学校心育目标

学校的心育目标是在中华传统文化的根基上,遵循教育规律,全面实施心理素养培育与心理健康教育,培养具有社会责任感、创新精神和实践能力的德智体美劳全面发展的社会主义建设者和接班人,为学生的健康成长和和谐发展奠定基础。因此,学校的心育实施对象是全体学生,采用"主体——发展性"服务模式,发挥学生的主体作用。针对全体学生的具体目标是让学生学会学习与生活,正确认识自我,提高自主自助和自我教育能力,增强调控自我、承受挫折、适应环境的能力。针对有心理困扰或心理问题学生的具体目标是让学生认知和理解心理困扰或心理问题,进行科学有效的心理辅导,及时给予必要的危机干预,提高其心理健康水平。

(三) 学校德育心育融合目标

德育与心育融合的前提是两者目标的融合。在"设境体验,知行并进"心育模式下,结合高中三个年级的德育教育目标,学校心育在高中不同年级段设定"自信、韧性、负责"三个不同层次的知情意行育人目标,通过心育与德育的课堂融合、共同营造和谐校园、德育主题活动融入心育、德育与心育沟通配合教育学生等方法,也就是在设境体验下的知行并进,以期培养出具有南洋中学特点,具有自信、韧性、责任担当品质的现代中国学子。

年级	核心心理品质	具体知情意行目标
高一	自信	认知:1. 能够全面、客观地认识与评价自我;2. 了解心理调节的知识和方法。
		情绪情感:1. 增强学习生活中的积极情绪体验;2. 激发自我学习生活热情;3. 悦纳自己,有较强的自我效能感。
		意志行为:1. 完善和发展自我;2. 主动发挥自己的潜能;3. 在学习生活中体现乐观、自信的积极心理品质。
高二	韧性	认知:1. 理解挫折对于个人成长和人生的意义;2. 了解提升心理韧性品质的方式方法;3. 认识自我心理韧性水平。
		情绪情感:1. 树立主动应对挑战的意识;2. 在挑战中能体验到积极情绪;3. 激发应对挑战的勇气。
		意志行为:1. 提升对目标的专注能力;2. 主动建立自身的心理支持系统;3. 积极应对挑战,提高承受失败和应对挫折的能力,形成良好的意志品质和心理韧性。
高三	负责	认知:1. 认识自己的社会价值;2. 了解高考心理状态调节的方式方法;3. 觉察自我心理状态。
		情绪情感:1. 确立自己的职业志向,培养担当意识;2. 激发自我向上力量。
		意志行为:1. 能够积极应对高考压力;2. 能够做出升学或择业的最佳选择;3. 能够对自己负责,敢于担当,具有社会责任感。

三、实施途径与方法

将心育融入德育,构建德育"心"机制。在学校德育工作小组领导下,建立健全了促进学生健康成长的"心"机制：一是德育处指导心理健康教育研究中心及下属学生心理协会、各班心理委员会开展德育工作；二是建立涵盖班主任、年级专职心理教师、年级兼职心理教师等的预警监测机制，及时发现学生问题，及时进行教育与干预；三是把心理健康教育作为师德考核的重要指标，在德育中强化心理教育活动，把班级活动作为渗透心理健康教育的重要途径，建立班级心理委员会，定期召开心理主题班会。

学校实施"设境体验，知行并进"心理健康教育模式，就是在设境体验下的知行并进，学校在高中不同年级段设定自信、韧性、负责三个不同层次的知情意行育人目标，并围绕目标的达成，设计形成专项课程、拓展研究型（含社团类）课程、实践活动类三类课程环境（体系）。同时以多年来的实践，优化建立了心理辅导中心、校园环境、实践基地环境三个层面的课程实施环境，积极开展了家长进学校、师资进社区等家校合作活动。随着相关制度、机制的不断完善，学校"设境体验，知行并进"的德育与心育的教育模式得以形成。心育是德育大系统的核心子系统。学校在实施中注重在德育问题中引入心理学的方法和手段，构建以思想道德教育为导向，以心理健康教育为基础，使德育与心育达到最优化的"交融和渗透"，从而改变学生内在品质，提升学生素质，以培养出具有南洋中学特点、责任担当品质的现代中国学子。

图1　学生实践活动

图2　学生场馆活动

学校实施德育心育融合教学，心育保证德育有效开展，德育促进心育养成，在教育内容和形式上相互交叉、相互渗透，形成了一套成型的理论与实操体系，通过行之有效的心育德育活动，让学生善于参与，乐于接受，让学生健康快乐发展。基本做法是：一方面是德育工作中要吸收心育的基本理念和方法,另一方面是德育要时时关注学生当前现实的心理动态,主动积极地发挥作用。基本经验是:1. 心育课堂与德育课堂融合;2. 营造健康心育氛围;3. 大型德育活动中融入心育;4. 德育与心育互相沟通和配合;5. 加强对特殊学生的关心和教育。

(一) 德育与心育在课程中相互融合,提升内驱动力

学校注重育人思想与心育文化相结合、立德与育心相结合、理论与实践相结合、课内与课外相结合、解决思想问题与解决实际问题相结合,不断增强亲和力和针对性,打造具有中国优秀传统文化自信、体现新时代中国特色社会主义文化自信的南洋中学德育课堂与心育课堂融合的模式。

在这些"立德育心"的教育课程中,主题班会无疑是最重要的显性课程。在主题班会开展途径方面,学校注重德育与心理工作的整合,整合意味着优势互补、相互融合。

班主任心理主题班会校本教材目录:

高 一	高 二	高 三
适应,高中生活新起点 认识自我,合理定位 梦在心中,路在脚下 诚信你我,愉快合作 学会关心,勇于负责 珍爱生命,尊重生命	自主自信,有效学习 坚韧自信,积极适应 积极面对,把握现在 尊重父母,积极沟通 感受幸福,携手成长	始于心动,见于行动 直面压力,开发潜能 走向成功,心理调适

德育处利用班会时间定期开展有主题的班级教育活动,在传统的道德教育内容基础上,增加了心理健康教育内容,借鉴心理健康教育的理论与技术,开展形式多样的活动,让学生在活动中领悟体会。现在学校的主题班会是以班级为单位进行德育心育整合教育的主要载体,其活动流程包括以下四方面:第一,由心育教师与德育教导共同探讨并确定以心理主题为内容的班会主题;第二,心育教师提供相关的资料,如心理知识、心理游戏等,并对各班班长进行心理主题班会开展指导;第三,班主任组织学生设计主题班会的形式和内容,心育教师参与心理主题班会设计的修改;第四,各班开展心

理主题班会。

在内容上,"珍爱生命,尊重生命"、"学会关心,勇于负责"、"快乐心情、健康行为"等主题班会都较好地将心理健康教育与德育进行整合。邀请家长一起参与的"我为父母做了什么"主题班会的开展,让学生感受到父母对自己的关爱,激发学生关爱父母的意识,通过亲子互动的方式,让学生更多地了解父母的需求,学习在日常生活中关爱、理解、体贴父母,学习在生活中用言行表达出你对父母的爱,引导学生学会感恩。在班会中,学生重新理解了如何更好地关爱父母。在主题班会结束时,营造良好的氛围,让每一个学生写下并大声说出将要为父母做的事情,给予学生时间和空间,让他们把平时不讲的话表达出来。学生的话语,既是对自己的一种教育,也是对其他同学的教育。学生能在短短的两三分钟内写下以下的话,也说明了学生内心的触动。一位男同学说道:"不要因为是父母就可以不说'谢谢'!不要因为是父母就可以不说'对不起'!不要因为是父母就可以随意地乱发脾气!"一位女生说:"我平时在家里常向父母发脾气,我以后一定要多理解父母,好好与父母沟通,不让爸爸妈妈太操心。"在"家庭演播室"中的情景创设,给学生带来了心灵上的触动。情境虽然简单,却是平时生活的一个缩影,在学生扮演不良的沟通方式后再让学生扮演好的沟通方式是很好的一种教育方式,能给学生更多的思考与启示。主题班会运用设境体验的模式,是对心育更好地融入到德育主题班会教育中的探索。将心理辅导的方法融入到德育主题班会中,题目看似平常,却需充分利用体验和感悟、情景的创设、学生与家长的互动。

学校开展的校班会、升旗仪式等德育课程,经常是德育处与心育中心互相商量,互相协作,共同组织和执行。目前学校的德育课程主要包括高一军政训练、爱国之旅——南京行;高二学农实践、文化之旅——场馆行;高三主要为成人仪式的教育,以及贯穿始终的生涯规划指导等。这些德育课程在实施过程中设置相关心

图3　南京社会调查

理发展目标,制定心理训练的内容和要求,开展相应的课程教育。例如在学军、学农中结合相应的心理疏导,有助于学生产生情感体验,磨练个人意志,在参与中形成顽强的性格,塑造健全的人格,在参与中不断了解社会,增强社会责任感。在社会考察中通过参观、访问、社会调查等目的性很强的考察活动,让学生了解社会工作要求、了解职业、了解社会,学会调查、学会分析,培养社会责任感和责任心。在公益劳动等社会服务活动中,培养学生体谅和理解他人、关心他人、帮助他人的良好品质。

在德育课程中融入心育的同时,心育课程也融入了德育内容。

心理素养	心育课程内容	德育课程内容
学习适应	认识自己的学习,知识的构成,智商、情商与胆商,学习计划和时间策略,学习策略和方法,考前心理调节,考后合理归因。	激发学习动机和兴趣,运用学习策略和思维方法,养成爱学、乐学、勤学的学习心态和习惯。
人际交往	学会尊重、接纳、欣赏和关心他人,团队合作训练,学会沟通协作、信任和责任,正确处理父母、教师和同伴关系等。	团结友爱、助人为乐、关心集团、责任意识、感恩奉献。
自我意识	个性测试,认识、悦纳、控制自我,扬长避短和扬长补短,合理期望,价值观澄清,开发潜能,自信训练等。	实事求是、乐观开朗、积极进取、遵纪守法、崇尚美德。
情绪调控	各种情绪调节的学习和训练,应对压力和挫折训练,青春期人生辅导等。	自控自律、文明行为、坚忍不拔、自尊自爱、高尚情操。
生涯辅导	职业兴趣测试,理想职业选择,尊重和珍惜生命,对恐惧、悲痛事件的应激处理。	理想前途教育,辨别是非,珍爱生命。

心育与德育在课程内容上互补和互相促进。以培养人际交往心理素养的"我的名片"心育课程为例,目的是促进同学的自我认识与同学之间的认识,在交往中增强自我同一感,拉近同学之间的距离,增进彼此之间的关注与理解,创设良好的班级氛围,与德育中团结友爱进行整合。"最佳团队"、"建塔"、"拼板"等心育活动课程则有助于增强班级的凝聚力,培养学生的团队合作精神;"价值大拍卖"激发学生思考自己的价值观念,帮助学生体验和澄清自己的人生态度,领悟积极选择和积极生活的意义;"我的父亲母亲"、"与父母面对面"、"跨越代沟"等内容激发学生的感恩心理,学会理解父母,

用积极的方式主动与父母交流,形成和谐的亲子关系;"过桥"、"成长的花絮"、"青春期的自我保护"等引导学生认识自己青春期的特点,树立两性交往的道德意识,理性处理异性交往的各种问题,顺利度过青春期。

在实施方式上,二者也是互补和互相促进。以高三的负责教育为例,通过课堂教育让学生从认知上知道责任所在,通过课程活动让学生践行承担责任之事,通过责任感培养,让学生树立对自己负责,对家庭负责,对他人负责,对集体负责,对祖国、社会和人类环境负责的良好心态,养成良好的责任习惯,使学生逐步成为自我教育、自我管理、自我调节、自我发展的主体。负责教育融合以"积极适应,共同成长"为指导理念的心育,采用"设境体验"教学模式,在社会实践的德育活动中,为学生创设机会和情境,使学生在挑战性任务中内化心理品质,也使德育的责任教育变灌输为渗透、变单一为多元、变被动接受为主动吸收,紧贴学生思想实际,取得了良好效果。

图4　心育活动

附:心理主题班会案例

"增强诚信意识,健全责任人格"主题班会

活动背景

积极践行社会主义核心价值观,要在全社会广泛形成守信光荣、失信可耻的氛围。步入高三以来,某些学生存在利用网络抄写作业、个别同学测验无法独立完成的现象。通过本堂"增强诚信意识,健全责任人格"的心理主题班会,增强学生诚信意识,感悟诚信精神,践行诚信诺言。从而培养他们健全的责任人格,使他们能在高三学习和今后的人生中化责任之知为责任之行与责任之德。

> 教育目标

认知目标：了解社会和学生个人的困扰和迫切需要解决的现实问题都与责任相关。

情感目标：以个人积极的态度、信念对待学习与考试中的挫折，克服畏难情绪，进一步增强责任意识。

行为目标：（1）学习楷模的责任之行，做一个有强烈社会责任感的栋梁之材。（2）化责任之知为责任之行和责任之德，营造一个人人有责任心的学习氛围。

> 班会准备

（1）学生写与"责任"相关的周记。

（2）对学生诚信情况进行问卷调查。

（3）查找资料，制作PPT。

> 班会过程

面对高考，班级同学每人都怀揣一个目标，在自己人生必经阶段的重要路口拼搏着、努力着，但同时也有些同学在实现自己目标的征途上出现了畏难情绪，想走捷径来达到自己理想的彼岸。从同学的随笔中也看出部分同学对每日的回家作业总想快速省力地完成，为自己赢得时间精力来玩。于是，利用网络抄作业，考试时总喜爱瞟一眼同桌的答案等现象屡见不鲜。有的同学还很自豪地说："我5分钟搞定一张英语卷，15分钟消灭一张数学卷……"每当这时，老师和家长总会这样说："你们真是对自己太不……"

希腊神话中说，人是背负了一个行囊在赶路的，肩上担负着家庭、事业、希望等，虽历经艰辛，却无法丢弃其中任何一件，因为这背囊上写着两字：责任。

《论语》中曾子有云："吾日三省吾身：为人谋而不忠乎？与朋友交而不信乎？传

不习乎?"请一位同学来诠释一下:我每天必定用三个问题来反省自己,替人谋事是不是尽心尽力了?与朋友交往是不是做到了诚实守信?师长传授的学艺是不是复习运用了?尽心尽力、诚实守信都体现了一个人的责任感。

第一篇章:知责任

(1) 什么是责任?

在字典里,对于责任和责任感,它给予了这样的解释:

责任:① 分内该做的事情;② 没有做好分内的事而应当承担的过失。

有两个方面,一方面,是要去做;另一方面,是要做好。

所有做的动机、做的行为都是由你这个主体由心而发地去施行,没有人可以强迫你去做。只有心中有责任感,才有可能达到预期的效果甚至超过预期的估计,获得更好的结果。

(2)〈视频〉三个和尚:请同学分析三个和尚不愿负责挑水的心理。如何能改变"三个和尚没水喝"千古不破的"真理"。

第二篇章:明责任

(1) 对社会负责

一场突如其来的地震,使整个城市变成了一片废墟。余震还未结束,救援工作已迅速展开:上级领导亲临现场指挥,消防员正在灭火,部队战士在寻找被困在废墟中的人,医生在临时搭起的帐篷里做手术,民政部门紧急运来救援物资,并在社会上组织募捐活动……

① 在救灾过程中,哪些人承担了责任?

② 他们分别承担了什么责任?

③ 我们许多中学生从电视里看到这则新闻后也在想:我能做点什么?

(2) 对别人负责

早晨起床,掀开黑心棉做的被子,用致癌牙膏刷完牙,喝杯过了期的碘超标还掺了三聚氰胺的牛奶,吃根柴油炸的洗衣粉油条,外加一个苏丹红咸蛋;中午在餐馆点一盘用地沟油炒的黄鳝,再加一碟敌敌畏喷过的白菜,盛两碗陈化粮煮的毒米饭;晚上蒸一盘瘦肉精养大的死猪肉做的腊肉,沾上点毛发勾兑的毒酱油,夹两片大粪水浸泡的臭豆腐,还有用福尔马林泡过的凉拌海蜇皮,抓两个添加了漂白粉和吊白块的大馒头,还喝上两杯富含甲醇的白酒。唉……这日子过的真是那个爽!

请同学们想一下为什么会出现如此严重的食品安全问题?

同学会问别人对他这么不负责任,他为什么要对别人负责呢?

(3) 对自己负责

向今天负责的人,才是对自己负责的人。

〈游戏〉请同伴为自己的"责任树"添枝加叶:

① 由学生填写本人已具备的责任,再请同学为他填写他本人未发现的并有待增强的责任。让他们互相夸一夸,评一评。

② 教师点评一、两名有代表性的学生。

第三篇章:行责任

〈讨论一〉你家的废电池在哪里?

一节电池产生的有害物质能污染 60 万升水,等于一个人一生的饮水量;一节烂在地里的一号电池能吞噬一平方米土地,并可造成永久性公害。我国是电池生产消费大国,电池的年产量高达 140 亿节,消费约 100 亿节,占世界总量的 1/3。以全国 13 亿人口计算,假设每年每人用 6 节电池,那么这些电池可以污染 46 800 亿立方米的水,相当于中国全年径流总量的 1.73 倍;也可使 7 800 平方千米土地失去利用价值,这相当于 1.23 个上海或 15 个浦东新区的面积。据估计,全球每年约有 320 亿节废旧电池被丢弃,其危害之大不能不令人触目惊心!

小结:我们可以从小事做起,小事不小,寻求那种体验的努力是从渺小做起的,因为渺小是无法辨别的时代的宿命,也是责任担当的起点。如果每个人都善待一节废电池,那么,人和自然的和谐共处就不是书本上描绘的蓝图,而是展现在我们眼前的美好现状。

〈视频〉我们身边的伙伴唐旭

〈讨论二〉在困难逆境中,如何保持积极的心态和乐观的想法来冲刺高三,为今后的人生负责?

> 结　论

责任是获取成功的必备素质,责任是迈向成功的必经之路。一个有责任心并有能力的人是充满人格魅力的。责任本身就是一种能力,能力永远都由责任来承载,能力体现在细节中,细节体现责任,责任决定成败。知行合一要求我们在责任担当上把对责任的认识和对责任的实践统一起来,要求我们化责任之知为责任之行和责任之德,化责任之知为责任之行和责任之德的最终目标是要培养有使命感的负责任人格,使每个人有相互信任的安全感,相互依存的家园感。

(二) 德育活动中主动融入心育内容,做到知行并进

德育活动与心育活动都是学校教育整体活动中的有机组成部分,各自从不同的侧面影响学生的全面发展,两者有类似的教育活动途径。从一定程度上说,德育与心育的活动内容在很大一部分上具有同一性,是互补的和相互促进的。如学校开展的高三年级"责任"教育活动,其底线是培养能负责任的公民,树立起爱国、敬业、诚信、友善的个人准则,高要求是培养服务实现中华民族伟大复兴中国梦的高素质、尽责的人才。在实施教育活动过程中借此实现学生负责的心理品质,即融入心育"负责"教育。通过教育让学生知道责任所在,通过活动让学生承担责任之事,通过责任感培养,让学生树立对自己负责、对家庭负责、对他人负责、对集体负责,对祖国、社会和人类环境负责的良好心态,养成良好的责任习惯,使学生逐步成为自我教育、自我管理、自我调节、自我发展的主体。在"设境体验,知行并进"心育模式下,学校将德育活动与心育活动合二为一、融为一体。因此,学校在开展设计认同教育、坚韧教育、责任教育时,就已经把心育视为同一件事,通过入学教育、校友寻访、南洋讲坛、

图5　静山摄影活动

读书活动、志愿服务、团日活动等形式多样的德育实践活动,培养学生自信、韧性、负责的心理品质。

学校的育人目标是依托于不同的实践活动得以实现的。南洋中学"认同教育、坚韧教育、责任教育"的落实就是通过系列主题实践活动:为期若干天的夏令营、社会考察、短期参观访问、志愿者服务……就组织形式而言,主要以集中指导与指定项目负责相结合的形式。作为学校特色项目,还包括"心理健康教育活动月"活动、"进馆有益"博物馆日主题活动等。学校实践活动的实施是融合了德育与心育,心育保证了德育有效开展,德育促进了心育养成,在活动内容和形式上相互交叉、相互渗透,彼此融合渗透。在高一年级的认同教育活动中,对于学生交往问题,德育侧重于团结友爱、助人为乐、关心集体、责任意识;心育侧重于学会尊重、接纳、欣赏和关心,团队合作训练,学会沟通、协作、信任等。在高二年级坚韧教育中,对于压力与挫折,德育侧重于自控自律、文明行为、坚忍不拔、自尊自爱、乐观开朗、积极进取;心育侧重于悦纳、控制自我,合理期望、开发潜能、自信训练及各种情绪调节的学习和训练等。德育活动与心育活动既有相对独立性又有千丝万缕的联系。正因为二者的相对独立,才有它们融合的必要性,而正因为二者的相互联系,也才有它们能够融合的可行性。学校在"设境体验,知行并进"心育模式下,将两者相互渗透、有机结合,达到优势互补,取得出奇制胜的效果。

"和谐校园,和谐班级"是学校德育处提出的德育主题活动,既契合了"和谐社会"的国家治理方针,又能调动一切积极因素构建健康的心育氛围:和谐的师生、生生关系,倡导广大的学生学会感动、学会珍惜、学会拼搏、学会奉献、学会负责,一起努力营造理解人、尊重人、关心人、帮助人的人际氛围和有压力但不压抑的学习氛围,它让我们的校园充满着科学的真,伦理的善,艺术的美,师生的爱。在营造健康心育氛围中,学校要求教师抓住每一个机会,适时地对学生进行自强自立、团队意识、集体荣誉教育,努力创设团结自强、积极向上的集体氛围。教师要及时把握学生的心理动态,细心观察,及时发现,适时鼓励,让学生享受成长的快乐。学生要尊重老师的劳动,师生互敬互爱,努力打造和谐的学习氛围。班级重视营造健康的、积极向上的心理氛围,需要严格规章制度作为支撑,抓好班风、校风建设。德育融合心育的活动,学校德育处已形成一套成型的实施方法,基本做法是:一方面是德育工作中要吸收心育的基本理念和方法,另一方面是德育要时时关注学生当前现实的心理动态,主动积极地发挥作用。通过行之有效的德育心育活动,让学生善于参与,乐于接受,让学生健康快乐发展。

志愿服务活动一直是德育工作中的一项传统项目,每年约有320余名学生参与到校内、外的志愿服务工作中去。随着高考改革深入,在《上海市深化高等学校考试招生综合改革实施方案》(沪府发〔2014〕57号)、《上海市普通高中学生综合素质评价实施办法(试行)》(2015年4月24日发布)的要求指导下,学校进一步规范志愿服务活动,制定了《上海市南洋中学学生社会实践工作实施方案》,建立领导小组和学生志愿服务考核方法,积极组织学生参与到社会志愿服务工作中去。自2015年5月起,学校先后与上海市公安博物馆、徐汇区青少年活动中心、余德耀美术馆、宛南实验幼儿园、尚海湾居委会、上海市南洋初级中学、龙华街道、斜土社区学校、上海市昆虫博物馆、航海博物馆10大实践基地签约,建立志愿服务机制,鼓励学生积极参与志愿服务,在志愿服务活动中,增强学生的情感体验,促使学生在情境中主动、自信地投入学习,同时有效促进学生在践行中的体验,在体验中开发自我潜能,从而进一步促进学生知情意行的相互转化。

图6　校史博物馆讲解

对于刚刚进入高中的同学,志愿服务活动的展开更多的是围绕认知、体验层次。学校先由德育处牵头、团委组织,进行全体宣传、自愿报名、面试遴选等各个环节,让同学们能够明确活动的目的、意义和要求,自发地走进活动。通过志愿服务让他们体验周围人事来增强认同感。在这些活动中,同学们的体验是非常真切的:"这是我参加的第一个志愿服务,开展导医工作,主要负责维持有序的就诊秩序,指导患者使用自动挂号机、签到机。这里除了我们的志愿者服务团队,还有许多社区的爷爷奶奶也来这里当志愿者,他们总对我们说:'你们遇到什么问题都来找我们好嘞,不要紧的,不要紧的。'他们总是满脸堆笑,在他们身上我看到的是一种快乐,一种常人无法体验的快乐,这种快乐深深地影响着我,让我融入这种氛围。虽然我们往往在这一站便是一个上午,一个下午,但是人来人往,帮助的人越来越多,在忙碌中时间便很快过去了。所有的劳累换来的是参与感、成就感和幸福感,得之我幸!"

图 7　社区志愿服务　　　　　　　　　图 8　公安博物馆志愿活动

对于已经参与过的学生们,如何深入思考志愿服务对自我成长的意义是这个阶段的主要命题,一方面我校会进行优秀志愿服务者的各级评选、宣传,另一方面我校会组织相关的论文撰写,对于要求较高的志愿服务岗位还会特别请专业人员进行选拔、培训。通过志愿服务让他们感悟周围人事并自觉反思。在这些服务岗位上,同学们不仅是感知,更多的是感悟:"我报名参加了余德耀美术馆贾科梅蒂回顾展的志愿者,并担任了志愿者小组的组长。在前期准备志愿者面试以及面试后的资料学习中,我对于一位本不熟悉的大师有了了解,也对雕塑,对艺术有了新的认知。通过美术馆的考核,我顺利地成为了一位 Ask Me 岗位的志愿者,负责回答游客的问题。在担任志愿者的过程中,我不仅能和不同人进行交流,回答他们的问题,提升自己的沟通能力和胆识,也能近距离接触大师的作品,培养艺术修养。作为志愿者小组的组长,我比起其他志愿者更多了一份责任,我需要安排同学们参与志愿者活动,做好同学和美术馆间的纽带。但正如一句格言所说:'责任并不是你的负担,而是一种你应具有的信念。'在负担责任的过程中,我学会了许多许多,找到了属于我的信念。正如志愿者服务精神所表达的:奉献、友爱、互助、进步。我认为,担任一名志愿者,既是'助人',亦是'自助',既是'乐人',同时也'乐己'。很高兴能参加志愿活动,为我的高中生活添上浓墨重彩的一笔。"

志愿服务是同学们走进社会的一个窗口,宗旨在于他们能够主动思考并担当身上的责任,许多同学在活动中迅速成熟起来:"志愿者工作做得越多,就会发现需要帮助的人远比我们想象的更多,就会更想让自己更优秀更强大一点,由从小被保护的幼苗成为一棵可以给别人庇荫的参天大树。青年志愿者公益服务活动是微小的,因为它涉及的范围有限,我们只是在做力所能及的事。它又是伟大的,因为在那些最需要帮助的人身上又燃起了希望之火。它带给我自身各项能力的提升,我热爱它,也希望能通过自己的这份热爱感染更多人参与到志愿者服务中来。我很感谢这场改革,让我们走出校园,在街道、居委会、博物馆、美术馆这些与我们联系最紧密的社会分支里,通过我们的真诚付出和辛勤汗水,逐渐了解自己、完善自己,我们也在了解生活、感受生命。我们是这场改革的先锋者,愿学弟学妹们将这份热心、责任继续传承下去,愿未来我们将以更长远的目光,在更广阔的平台上把志愿者服务做得更多、更好!让我们的家园也因为我们而更光彩亮丽!"

在学生志愿服务工作中,学校始终强调"知行并进"的育人理念,让学生能够接受、认同实践的目的、方式以及意义并实实在在地去体验、践行:一方面加强学生的"知"——知晓、感知、明了;另一方面推动学生的"行"——实践中感悟、践行中强化。在主观的明责中实现客观的负责,在客观的负责中追求主观的尽责。2016年,在中国(上海)国际青少年校园足球邀请赛南洋中学赛区,学生志愿者参与各项活动体验,有效培育了自信、韧性、负责等积极心理品质,在奉献中收获成长,不忘初心,一路向前。

图9 暑假志愿服务集锦

附：志愿服务活动实录与学生感言

记2016年中国(上海)国际青少年校园足球邀请赛南洋中学赛区学生志愿者活动

南洋赛区数日赛事，场上精彩纷呈，场下故事连篇。在南洋赛区场内场外不断编织着五彩斑斓的帛画，陆续演绎着"格格巫"（黑衣裁判）与"蓝精灵"（蓝衣运动员）的运动游戏、"小黄人"（黄衣学生志愿者）与"绿巨人"（绿衣工作人员）的故事……

南洋赛区绿茵场外，晨光下的飒爽英姿，带着青春的朝气，和四支球队如影随形的还有一群穿着黄色衣服的青年学生——热情满满、乐此不疲的"小黄人"。有的负责播音，一次又一次地核对着刚拿到手的球队出场顺序和首发队员名单，只希望每支球队都能够有一个完美的开场；有的默守在球场内圈跑道上，负责快速捡回时而活跃飞出场外的足球；有的坚守赛场负责担架，仿佛只要一声令下，就可以奔赴到赛场的任何一个角落；有的怀揣照相机默默抓住球场上的精彩瞬间；有的手拿摄像机，抓住球队休息的间隙与运动员们热情互动；有的两两一组扛着硕大的冰桶穿梭于球场四周给球队运动员解暑降温……他们身兼数职，他们多才多艺，他们始终面带笑容，他们努力跨越地域和文化的差异，无论他们站在赛区的哪一个角落，承担着哪一份工作，他们都有着同一个名字——南洋赛区学生志愿者。

白天赛事志愿服务的结束并没有为"小黄人"们的一天工作画上句号，晚上六点的时钟刚过，篮球馆里便响起了《青花瓷》的悠扬旋律，木墙上倒影出傣族舞的曼妙人影，原来学生志愿者们正在为后一日的文艺联欢挑灯彩排，虽说没有了白日里的火辣太阳，但这里同样留下了姑娘们脱去鞋袜跳舞时走过的脚印和男生们排演方阵时留下的汗水。

当早晨扛着冰桶呼前忙后的壮硕男生悠悠地打起太极拳时，当娇小的女生手持木棍抖起空竹在上下翻转时，当赛事播报员收起严肃的口吻用轻松幽默的语调说起节目串词时，当摄像的男生放下相机拿起二胡时……这群可爱的"小黄人"学生们用实际行动给"志愿者"一词赋予了新的内涵和生命，志愿服务不仅仅是一种付出和成长，也代表了一种青春与朝气。

在参与2016年中国(上海)国际青少年校园足球邀请赛志愿服务的过程中,我们的学生志愿者历经了考验,提升了积极向上的心理品质,感悟了成长。

学生活动感言

董寅雯:为期十天的志愿者服务活动令我印象深刻,也受益匪浅。顶着烈日,冒着酷暑,参与国际赛事的志愿服务,不仅强度大、时间长,而且我们服务的不只是中国的运动员,大部分都是外宾。这对我们的身心和服务均提出了挑战。我们不仅代表着南洋中学,更代表着整个上海乃至中国的形象。为了迎接运动员的到来,志愿者们一丝不苟地打扫宿舍,做着准备工作。在比赛时,我们也是竭尽全力为运动员服务,希望他们在南洋中学的十天时间内感到宾至如归,能够以最好的状态赛出自己的水平。我在这次志愿服务中担任播音员的工作,尽管工作环境已经比其他志愿者好很多,但我们仍感受到压力。拗口的名字我们一遍一遍写、一遍一遍念,稿子一遍一遍熟悉,希望能尽善尽美地完成工作。在这段时间内,我们26名志愿者也团结一心,结下了深厚的友谊。在本次活动中,我学到的是追求完美的精神,不怕苦不怕累的意志以及互帮互助的品质。我也会努力延续这种志愿服务精神,希望能在以后继续服务人民、服务社会。

张越:作为国际青少年足球邀请赛的志愿者,我感到十分荣幸。相比之下,我的工作任务是比较轻松的,不需要时刻为受伤的运动员准备着担架;不需要在烈日炎炎的太阳下,坐在球场边捡球;也不需要提前做充分的准备,读熟各个国家运动员教练以及裁判的名字,在他们比赛的时候进行播报。作为摄像志愿者,我在他们训练的时候记录他们努力的过程,在比赛时记录他们精彩的瞬间。在这几天最多的努力就是15号的文艺联欢晚会,每个人都投入其中,吹气球、练节目、布置会场,等等,我和搭档齐心协力将拍出的一段一段视频做成微电影,放在晚会的开场。在准备的过程中,我们有矛盾有不满,但都克服困难,因为有着唯一的目标:那就是让晚会成功。我们每个人相互理解、相互帮助,终于,看到在晚会的开场英国队进来后看完微电影的时候竖起的大拇指,我知道我自己成功了,同时整个晚会也有一个好的开始。在最后,放出"we will rock you"的时候,当所有志愿者带动全场气氛在舞台中央欢声笑语时,我知道我们的努力没有白费。之后的几天,我们为比赛提心吊胆,也不舍地送走了每一个国家的运动员。通过这次志愿者服务,我觉得在一个团队里,互相体谅、互相帮助,做好自己分内的事情是最重要的。每个人都做好了自己应该做的事情,那么事情将会变得简单。

正是在"设境体验,知行并进"的心育模式下,通过构建类似国际赛事这样丰富多彩、提供践行机会的活力空间,在实践体验中感悟、践行体验中强化,让服务志愿活动成为学生个体良好行为养成的催化剂,培养其奉献精神、锻炼其意志品质,推动德育思想和社会主义核心价值观内化与心、外化于形。同时促进学生健全人格的全面发展,从而培养自信、韧性、负责的现代南洋学子。

(三) 学生教育中渗入心理辅导手段,夯实育德育心

以学生成长需要为切入点,把德育与心育共同渗透在对个别学生的关心和教育中,满足学生发展的需要是二者结合的最佳切入点,这也是以人为本教育理念的必然要求。学校把对学生进行个别心理辅导作为班主任的一项基本功,要求每个班主任都要学会用心理辅导方法来帮助和教育学生,尤其是问题学生和特殊家庭的学生。"老师的秘密在于掌握学生的心理世界"。在解决学生问题时,要遵循德育与心育的渗透统一规律。如对犯错误的学生可通过纪律处分加强责任意识,通过教育增强学生辨析能力、自控能力,这是德育的做法。还可通过启发引导,帮助其学会恰当地排除不良情绪的方法,讨论从根本上改变目前状况的方法,消除不良情绪的源头,从而振奋精神,这是心育的做法。面对后进生,首先班主任在帮助他们时都努力取得学生的信任,没有把学生看死,坚持耐心地帮助引导学生;同时心育教师、未成年人保护教师等耐心帮助,这往往是许多后进

图10 学生社团展示活动

生能成功转变的重要条件。事实证明,思想的发展变化,受心理的影响和制约,而心理活动的方向又受思想的支配。心育扩充和完善了德育的目标和内容,为有效地实施德育准备了基础,为提高德育成效提供了新途径。

对于学生教育工作,德育与心育一直以来是互相沟通与积极配合的。学校开展的心理健康月活动、学生干部训练、部分社团活动等,经常是德育处教师与心育老师互相协商、共同组织和执行;班主任可以向心育教师推荐学生进行心理咨询;而心理辅导活动安排则考虑与年级组中心工作配合;为了提高班主任的心育意识,掌握对学生心理辅导的科学方法,心育教师与德育主任共同决策,参与对班主任心育的研讨和培训。可见,探索德育与心理辅导互相沟通、互相配合,是近年来学校教育中出现的一种趋势,实践证明,这种沟通和配合是全面提高学生整体素质的需要,也是学校德育工作提高科学性和实效性的需要。

班主任是学校德育工作的实施者和中坚力量,班主任工作水平直接关系到学校的德育水平,关系到学生的成长和教育及学校的可持续发展。同时班主任也是学校心育三级预防系统中"关注每个学生健康心理"层面最主要的实施者。在学校德育工作中班主任与学生接触时间最多,直接参与学生活动和引导、干预学生最多,班主任和学生之间的相互了解程度最高。班主任是班集体建设的直接领导者,是班集体建设中的管理者和组织者。一个称职的班主任能熟悉班内每一位学生的情况:学生的个性特征,学生的生活与学习能力,学生的思想与情感的发展状况,等等。这使得其在引导和管理学生方面具有独特的优势。这种优势也使得班主任更能胜任面向班级全体学生的发展性心理辅导工作,帮助学生探索自我,培养学生健康个性与积极心理品质,帮助学生突破学习困境,破解青春期烦恼,重建积极的行为方式,展现生命的精彩,同时对重点学生人群要给予重点关注与辅导,特别是特殊家庭学生、经济困难学生、严重考试焦虑学生、有心理困扰和心理障碍的学生、学业受挫学生等。

要做好学生心理辅导工作不是一件轻而易举的事情,它既需要班主任热爱、关心学生,又需要讲究策略;既需要班主任具备一定的心理学专业知识,又需要丰富的其他学科知识。班主任可以考虑利用团体心理辅导活动对全体学生共同关心的成长话题进行有计划和有针对性的辅导。在开展"尊重父母,积极沟通"班级心理主题活动后,班主任总结道:"在筹备这次班会时,有意寻找或腼腆或内向或与家长沟通较困难的学生担任策划、主持、演员。心理主题活动的教育作用不应该只是在四十分钟里,而应该贯穿在筹备、排练、举行及班会结束之后的一段时间内。我们班中的有些孩子,因为参与了班会的准备工作,经常会回家请教父母,和父母聊班会的事情使他们多了许多共同语言;在一些孩子排练小品的过程中他们客观地看到了自身存在的问题,也更能站在父母的角度看待问题了。孩子们在紧张又愉快的筹备过程中逐渐成熟起来,我欣喜地看到他们通过自我教育的进步。班会结束之后,我看到一个与父母三个月没有同桌吃饭的孩子,和爸爸手牵手离开了教室;家长普遍反映孩子回去话多了、态度平和了,甚至连学习也更自觉了。"

图11 心理主题活动

班主任作为学生成长不可或缺的引路人和见证人,在学生的心理成熟过程中发挥着重要作用。在参加学校开设的班主任团体心理辅导培训与实践过程中,班主任逐步在工作中运用团体心理辅导的技术,不仅能防治和解决学生的心理问题,使学生健康地成长,还能帮助学生发现自我价值,发挥潜能,发展个性特长,使班主任的工作方式更符合当前学生的思维模式和心理特点,从而能收到更多的实效,使每个学生都能成为精神饱满、情绪愉快、人际关系协调、言行举止受人欢迎的人,在校园中形成良好的育人氛围。

附:班主任教育学生案例

案例一:高一新生小A,军训时他与教官唱反调,没几天因乱停自行车与教师发生了争执,班主任找他谈话,他竟是一副毫不在乎的样子:"车棚就是停车的,哪里都可以停,干嘛搞那么多规矩?"几乎每个任课教师都反映小A违反课堂纪律,影响上课。原来小A的父母离异,母亲十分宠爱他,初中时大扫除都由母亲代劳,逐渐形成了偏执和自我中心的个性,他曾去看过心理医生,可是收效甚微。

在年级组长、心育教师以及其他教师的帮助指导下,班主任首先在消除小A对教师的敌意上下工夫,以朋友的身份和他随便聊天,关心他的生活和学习,对他的强项化学加以褒奖,对于他的弱项英语予以帮助。他上课乱插嘴时,班主任委婉地提醒他举手,并给他机会发言。渐渐地他与班主任的话多了起来。有了沟通的基础后班主任就问他这样的性格,在踏上社会之后,上司和同事能接受得了他吗?他回答说:"其实有的时候我也知道我的一些做法不好。我想改正的。可是有时候我就是控制不了我自己,事后我也后悔的。"于是班主任就因势利导:"老师相信你,也能理解你,不要求你一下子改正。但是我希望你能慢慢地把坏习惯改掉,你行吗?"他重重地点了点头。之后,小A虽然还常惹事,倒是比过去好多了。但班主任并不放弃帮助他,仍经常找他谈话,对他既有批评,又有鼓励。

为了小A的转变,班主任专门与其他同学讨论小A的问题,希望大家理解小A,不要排斥他,并要求大家不要受他的影响。结果同学都很配合,小A迫于舆论的压力也有所收敛,各种"捣乱"的情况少多了。事后班主任说:"我明白了,冰冻三尺非一日之寒,要帮助这样的学生还需要很长时间,需要很多的精力。但是既然他是我的学生,我就有责任把他教好,不仅要教他知识,更要教他做人的道理。"

案例二:学生小L,进入高中后,教师和同学发现其性格孤僻,行为怪异,并常会惹点小事。高一时曾离家出走,在小L出走前,其父亲曾手持菜刀,扬言要杀了小L。进入高三后,在期终考试前四天,小L再次离家出走。在小L出走前一天,因学习琐事引发口角,其父怒将手中的瓷碗砸向小L,造成小L左颧骨处3厘米长的裂口。尽管如此,其父亲仍在为自己辩解,数落儿子的不是。经了解,原来他生活在一个离异家庭,父亲的粗暴的教育方式逐渐导致了父子之间的敌对关系。

在这期间,班主任、德育主任、心育教师、未成年人保护教师分别与学生本人和他父亲谈心,做了大量工作。但小L在临高考前的四个月还是提出:"你们别逼我回这个家,否则我就不读书了。"我们分析了小L的处境,认为他恶劣的家庭确实使他难以承受。为了他能顺利地参加高考,我们就想方设法为其寻找了安全合适的居住场所。这并不是妥协,而是对孩子的一种保护,因为小L 12年的学习生涯应该划上一个句号。尽管其父对学校的做法颇有微词,但小L的学习生活变得正常了,而且,在水平考试中也取得了较理想的成绩。

以上两个案例的共同特点是:

(1) 当事人都是特殊家庭的学生,他们更容易产生心理问题。

(2) 班主任在帮助学生时都首先努力取得学生的信任,没有把学生看死,坚持耐心地帮助和引导学生。

(3) 班主任的工作得到心育教师、未成年人保护教师等的帮助是成功的重要条件。

为了不断完善学校心育与德育结合的机制和制度,学校制定了"三年德育发展规划"与"三年心育发展规划",为德育与心育的进一步整合奠定了基础。

(四) 心理健康教育助力家校社共育,优化成长环境

学校历来重视家庭教育工作,把家庭教育视为学校德育工作的一个重要组成部分。多年来学校为广大家长及师生搭建了多样的家庭教育学习平台,整合资源不断丰富与完善家庭教育内容。在家长学校中,学校德育处精心打造了学校家庭教育的两项特色课程,分别为家国天下系列与育心育德系列。

在家长学校办学中,学校既注重面向全体家长,也针对不同层次家长的不同需求开展各种类型关于身心健康的专题讲座。为了帮助家长更清晰地了解高中生的心理特点,增强家长与学生的沟通能力,建立和谐的亲子关系,学校根据不同年级的特点,在高一年级开展以亲子沟通为主的"共同面对,共同成长"、"如何做好高中生家长"系列讲座,在高二年级开展以生涯辅导为主的"高中学生生涯辅导"系列讲座,在高三年级开展以家有考生为主的"学法指导"、"高三升学指导"系列讲座。在此教育基础上逐步形成了如今家长学校的"育心育德"课程系列:

年级	学 年 目 标	老 师	职 务	主 题
高一	1. 掌握初高衔接的家庭教育方式方法; 2. 共同帮助学生了解自我、悦纳自我	陈 默	青少年成长咨询专家、资深心理咨询师	我们怎么做高中生的家长
		王红丽	家庭教育指导专家、国家二级心理咨询师	"修己以安人"——做有温度的父母

(续表)

年级	学年目标	老师	职务	主题
高二	1. 理解学生身心发展规律,身传言教帮助学生成就自我; 2. 共同帮助学生做好人生规划,有责任感。	梅洁	上海市中小学心理辅导协会副理事长,教育部中小学心理健康教育专家委员会委员	家长如何有效地与孩子沟通
		王一敏	职业咨询与指导专家、心理系兼职教授	高中生职业生涯规划
高三	1. 理解学生的心理状况,共同帮助学生在爱国荣校的志向下积极成长; 2. 在专业指导下,身传言教帮助学生克服困难成就自我。	冯永熙	上海市特级教师、上海市学校心理健康教育研究中心主任	心理助力·从容应考

在对全体家长的心理辅导中,要求家长经常与孩子沟通,不仅要做他们的教师,而且要做他们的知心朋友,使家庭关系亲密融洽。因此,学校邀请著名心理专家陈默咨询师为全体高一家长开展"如何做好高中生家长"讲座,从面对成长、面对学业、面对社交、面对价值观、面对性困扰、面对未来、面对亲子关系七个方面入手,通过具体案例,对家长困惑的问题进行总结分析,帮助家长更加了解孩子,以及如何有效科学地与孩子沟通,向紧张的亲子关系"Say Goodbye"。讲座过程中,心理专家陈默向家长分享了与子女相处的沟通技巧,引导家长学会共情、学会理解等。家长们对讲座的反响很好,讲座时间由原来的一个小时延长到了一个半小时。每次讲座的互动环节中,家长也踊跃提出自己在教育孩子中出现的各种问题,期望得到专家指导。讲座后,家长们就自身困扰的问题与专家进行了交流,家长们纷纷表示,在不断反思自己教育孩子中不足的同时,也将改变自己的观念和与孩子沟通的方式,营造愉快的家庭氛围,在劳作和学习之余,与孩子一起读书看报、打球、下棋、欣赏音乐,在自我成

图12 家庭教育指导心理讲座

长的同时真正促进孩子的成长。在之后活动反馈的问卷中,90%以上的家长认为专家的讲课非常精彩。

为了贴切家长的实际情况,学校还请有成功经验的家长代表发言,分享育人心得,帮助家长树立正确的教育观念,掌握科学的教子方法。学校针对当前学生状况开设部分学生家长研讨班,通过典型个案课堂讨论、心理健康辅导等形式,进行"亲子沟通"主题技巧指导。如上海市教育科学研究院普通教育研究所学生发展研究中心主任、上海市中小学心理辅导协会常务理事王枫老师曾来校为本校学生与家长进行团体心理辅导。家庭教育指导分类注重强调针对性、坚持实效性。

家长的教育艺术制约着家长工作实效,作为心理专职教师和班主任就担负起个别指导家长、提高其教育工作艺术的责任。面对个别家长素质不够理想,在教育子女时缺乏教育学、心理学知识等方面问题造成较为紧张的亲子关系时,心理教师、班主任共同约见家长进行个别辅导,需要时会和学生一起进行沟通,共同分析其形成原因,进而讨论出合理的教育方法。通过心理教师与班主任对家长有针对性的个别指导,不断提高家长的育人水平。同时学校依托本校为区心理中心分中心的便利,为学校、社区、家庭三方面的教育形成活力搭建平台,充分利用社会教育的力量来进行个别辅导。曾邀请上海市中小学心理健康教育协会理事长沈之菲、中国心理卫生协会儿童心理卫生专业委员会委员范娟以及区心理中心主任、教研员等来校为家长提供现场心理咨询。个别化教育还积极利用学校校园网心育板块、家长会、家长微信群等渠道做好家长沟通工作和家长心理咨询工作,有效促进家长和学生共同成长。

图13 家庭教育指导咨询

学校结合南洋心理健康的教育特色,开展了形式多样的家校互动系列活动。如"润心育德"的专题活动,每学期开展的心理健康教育月,学校邀请家长和自己孩子一起参加。教师带领家长和学生参与团体音乐减压辅导,不少家长和学生在心育中心沙盘游戏室、心理探究室、宣泄室、身心反馈放松训练室、自我悦纳室、团体音乐放松训练室等进自我调适体验。通过团训活动拉近亲子关系、家校关系,让家长在体验中理解学校的育人文化,实践家庭教育方法。学校的家校活动不但主动邀请家长进校门,还积极走出校门走进社区。作为上海市中小学心理健康教育示范校,学校心育中心是徐汇区未成年人心理健康辅导分中心,积极创设南洋中学社区阳光行动计划,受到广泛肯定和关注。学校每年与斜土街道合作,进行"阳光进社区"活动,深入斜土街道的所有的居委会,在双休日约定时间开展个别心理辅导、家庭教育辅导等活动,比如亲子沟通技巧的讲座,内容详实,加上现场示范,帮助现场居民们理解,便于实践,得到了大家的一致好评。学校在多方面与社区共建,开展个别心理辅导、家庭教育辅导和升学咨询等活动。学校协同徐汇区未成年人心理健康辅导中心多次联合承办"心理助力·从容应考"考前现场心理辅导系列活动,活动主要包括名师讲座、现场心理咨询、考前团体辅导以及心育中心各活动室体验等内容,吸引了众多的学生和家长参与,帮助家长和中高考学生从容应考。在现场咨询厅内,众多上海市心理健康教育专家,以及各区县心理教研员、学科带头人等,运用他们的咨询技术特长为家长们提供咨询释疑,十几位专家的专业服务吸引了众多家长和学生,现场人潮涌动、气氛热烈,在家长和学生中反响很大,取得了良好的社会效应。

除传统的家长学校外,学校还成立了家校"育材"坊。家校"育材"坊最初是源于学校每学期开展的心理健康教育周活动,学校从2002年起每学期开展心理健康教育周活动,邀请学生家长参与其中。心理健康教育活动周坚持在"和谐心灵,共同成长"教育理念的指导下进行。通过幸福游乐园、心理拓展运动会、校园心理剧等活动,调动家长与学生积极参与和体验,在自主活动中帮助家长克服教育子女的心理误区,体会到让孩子健康地成长、成才乃至成功,家长扮演着重要的角色,从而提高家庭教育质量。活动反馈表明,家长能够较好地配合学校促进子女全面健康成长,成为学生心理健康教育中的一支重要力量,形成关心、支持、参与心理健康教育的良好环境,使学校心理健康教育得到横向发展。正因为如此,学校看到了家校合力育人的巨大潜力,学校成立的家校"育材"坊隶属于校级家委会,是由家长、老师共同参与运作的家校共同体。

南洋的家校"育材"坊是落实与实施家庭教育校本课程的平台与家校活动的载体。

现在学校家庭教育指导校本课程分为基础课程与特色课程。基础课程即家长必修的基础知识，特色课程现已形成两个系列："设境导学·爱家爱国"课程与"设境导学·育心育人"课程。"设境导学·育心育人"课程是借助学校心育中心开展润心育人教育，针对三个年级的培养目标展开相应的课程教学，其中中学生心理健康教育是教学的重要内容。其课程目标为：通过对学生心理健康状况的分析研究，以帮助家长对孩子身心发展规律的理解掌握，对孩子确立成才方向提供建议，并在专业的指导下提高家庭教育的科学方法，对家长的指导更有专业性、针对性。

家校"育材"坊校本课程的教学内容安排如下：

工作坊	校本课程		课程内容
家校"育材"坊家庭教育指导	基础课程		做一个合格的好家长
			现代家庭教育的理念、原则和方法
			中学生品德形成的规律和教育
			中学生的学习特点与家庭辅导
			中学生良好行为习惯与学习习惯的培养
			《未成年人保护法》、《预防未成年人犯罪法》法制教育
	特色课程	"设境导学·爱家爱国"	学习南洋为国桢干史，帮助子女树立报国志
			尊崇南洋英烈，厚植家国情怀
			引导学生实践，传承红色基因
			开展职业规划，励志责任教育
		"设境导学·育心育人"	中学生个性心理发展与教育
			中学生生理及心理卫生与健康
			独生子女的个性心理特点与教育等

家校"育材"坊采取灵活多变的教学形式进行有效的家庭教育指导。例如家校"育材"坊除了系统全面地向家长讲授家教知识，还根据不同年段学生的身心发展特点和辅导要点，对每个年级的家长教育采取不尽相同的教学形式：对高一年级新生家长的授课以初高中衔接内容为主，帮助孩子尽快适应高中生活等问题展开，以讲座为主；高二年级除讲座外，还结合参与班级心理主题班会，设境体验开展与孩子的沟通、交流、

教育等活动;高三年级除讲座外,还结合心理辅导课——正视考试焦虑课程等,缓解考生家长们的紧张情绪。同时学校充分利用强大的心理健康教育队伍(五位国家二级心理咨询师)、区学校心理健康教育分中心的资源,通过家校"育材"坊对家长进行心理卫生知识教育,以家庭教育指导活动为契机,加强对家长进行家庭教育的专业指导。

图14 亲子主题教育活动

附:辅 导 案 例

改善母子沟通,激发学习潜能辅导个案

案例背景

1. 学生:小F 性别:男 年龄:18

2. 父母:父亲是科研人员,母亲是医生,父母都是知青返沪后自学成才,对自我要求比较高。

3. 教养方式:小F的父母认为自己的求学时代没有好的机会和条件,对小F的要求比较严格。母亲自孩子四岁后,除了看电视新闻,从不看其他的节目,全身心地管理着孩子的生活和学习,直到孩子入睡后再处理自己的事情。每天早上小F起床后,母亲就把录音机打开,播放英语磁带,以提高小F的听力,并替小F准备好早餐,泡好一杯咖啡,以提高小F上课的注意力(小F小时候得过多动症)。为了小F的安全,联系班车,天天接送。尽管小F有自己的房间,但是母亲认为小F自觉性差,只允许在客厅里做作业。因为小F的学业成绩欠佳,他的母亲又替他在双休日安排了两门家教:数学和英语。

> 案例描述

1. 小F的问题

小F的行为表现为：① 攻击。攻击可导致破坏性行为，如发牢骚，损坏设备。② 坚持自己的错误主张，听不进别人的劝告。③ 经常和他的母亲起冲突，把自己锁在房间，不和母亲讲话。

小F的学习表现为：① 对于自己不喜欢的学科如物理、化学，上课不是打瞌睡就是神游，几乎每次考试都不及格。② 喜欢看书，知识面较广，爱好写作，他的小说曾在报刊上发表过。

小F的理想是：希望能考上上海戏剧学院编导系，将来能成为一名编剧家。

2. 小F母亲的问题

因为母子关系紧张，小F母亲只能通过班主任或小F的父亲中间调解，小F母亲内心失落感很强，觉得这么为小F着想，对他的教育从来不偷闲，从来没有自己的生活，小F却不领情，母子之间经常出现话不投机半句多的局面。

> 案例评估

一方面小F自我意识不断增强，另一方面小F的母亲仍然把自己的主观意志强加于孩子，始终用对待孩童的方法（不信任和督促手段）教育和教导在不断长大的小F，与小F沟通不顺畅，母子之间缺乏理性的沟通，形成紧张的亲子关系。小F母亲的强制做法，造成了小F青春期的逆反心理，在小F的潜意识里，母亲在乎的东西他偏不在乎，母亲不希望他做的事情他要全身心投入。

> 辅导方案

1. 指导小F的母亲用正确的教育方式对待孩子。

孩子从父母的期望中得到态度，确定自己的价值和志向水平，也从暗含在父母行为的倾向里学会了选择和评价,这是每个孩子对自己,对世界认识的基础,是他在世界上的地位概念形成的基础。和谐的亲子关系对孩子健康发展的影响至关重要。作为班主任,我充分肯定了小F的许多优点,结合小F母亲的教育方法,我诚恳地向她提出了以下几个建议:

① 希望她不要让自己的求学经历太多地影响到孩子,父母不能实现的理想不能寄托在小F身上实现;

② 多了解自己的孩子,读懂孩子的"心",不要把自己的要求强加于小F身上;

③ 在不影响学习的基础上,尽量满足小F的合理要求;

④ 要认识到小F已经成年,尊重小F的独立性和个人空间,并给予一定的指导;

⑤ 经常与小F心平气和地谈心,进行情感交流。

我和小F的母亲分析了小F的各种表现之后,经过我的建议,她终于意识到自身存在的问题,并主动接受了我校心育专职教师的心理咨询和外部心理专家的指导。在此基础上,小F的母亲每周至少和班主任联系一次,互通小F的日常表现。

2. 指导小F用正确的方式与母亲沟通:要小F懂得换位思考,理解母亲的爱与付出,并结合班级里一位父母离异的学生缺少母亲的关爱,父亲忙于事业,事事要自己操心的实例,让小F感受到母亲的辛劳和不易。作为孩子,需要主动和父母沟通,与父母达成一致。

3. 让小F正确评价自我,学会自我调控。正确评价自我,才能找到自己与父母、自己与教师、自己与社会的契合点。让小F意识到自身存在的某些行为表现与理想中的自己有差距,学会自我调控情绪,培养自己的自制力。

辅导效果

对小F及其母亲的心理辅导均取得了很大的成效。

1. 小F的变化:个性变得稳重,学习表现从原来的"留级预警"进步到顺利通过期末考试升学。

2. 小F母亲的变化:不再采用强硬和僵化的教育方式,能站在孩子的角度,尊重和信任孩子,并能适度地在小 F 面临价值取向、困惑抉择、升学指导、信息收集等问题时给予引导。

> 辅导反思

教育有责,教育守责,教育尽责,父母要操的心很多,孩子从父母那里学习,从父母身上汲取知识的营养,美德的营养,孝道的营养,爱心的营养,人品的营养。有了这些营养,孩子不断累积正能量,家教功不可没。配合学校教育这个外因,受外部环境影响,不断提高自身的文化素养,让学生有了过一种集体生活的感觉,同学习,同劳动,同进步。家庭与学校要不断沟通,孩子在家父母管,在校教师管,关键还是家庭教育这一环节。学生与教师需要彼此融和,教学相长,家庭和学校需要配合默契,注重家庭教育与学校教育双管齐下,共同培养复合型人才,服务经济社会建设改革发展。

四、实施效果

十多年来,学校重视德育与心育的有机融合,把心育作为学校整体发展规划的重要组成部分,构建了全员参与的工作体制。学校建立了党政共同参与的心育领导小组,校长、党委书记担任双组长,组员包括工会、教学处、德育处、团委、年级组等部门、组室负责人以及心育中心主任。团委设有心理部,培育学生心灵伙伴志愿者(心理委员),形成学生互助骨干队伍。学校将心育始终贯穿于教育全过程,全体教师自觉地遵循心育的规律,将适合学生特点的心育内容有机渗透到日常德育活动中,并注重发挥教师人格魅力和为人师表的作用,建立起民主、平等、相互尊重的师生关系。将班主任工作、班团队活动、校园文体活动、社会实践活动等与心育有机结合,充分利用网络等现代信息技术手段,多种途径开展德育与心育活动。德育与心育活动的开展使学生和教师都得到不同程度的发展,尤其是学生的精神面貌发生了很大变化:提高了思想品质,规范了举止言行,丰富、提升了内在气质。近年来,学校育人的成效也在显著提升,学校被评为"上海市首届文明校园"、"上海市家教教育示范"、"上海市心理健康教育示

图15　团委心理部组办"遇到未来的你"

范校"、"上海市中小学行为规范示范校"等。

学校的心育中心是在德育处领导下负责全校日常工作的协调、执行,承担学校与家庭、社区共建网络的日常事务的处理。通过家长委员会、家长学校的建立,优化家长与学校的合作机制,通过家庭全员培训、团体辅导、个别互动等,有效促进了家校互动。学校将心育融入家校互动过程主要分为三个层次,一是全体家长心理辅导,高一年级以亲子沟通为主,高二年级以生涯辅导为主,高三以家有考生为主开展"共同面对,共同成长"、"如何做好高中生家长"、"高中学生生涯辅导"、"学法指导"、"高三升学指导"系列心育讲座;二是部分家长和学生共同参与体验式团体心理辅导和训练,提升与孩子沟通的能力;三是针对个别家长的心理辅导与心理教育,形成《关注心灵,共同成长——家庭教育故事汇编》。王丽云、刘旭梅老师的家庭教育个案获得区二、三等奖。近年来,随着家校"育材"坊进一步实施以来,从各种反馈途径来看,南洋家

图16　心理月活动

长的素质和家庭教育水平明显提高,家教观念与时俱进,家庭氛围和谐,学生都有一个良好的原生家庭成长环境。正因为如此,家校"育材"坊成为学校家校工作的品牌,备受学校与家长的关注。2019年南洋中学荣获"上海市家庭教育示范校"称号。

每学期一次,每次为期一月的心理健康活动月是学生们最期盼的一个节日:心理游乐园、心理拓展运动会、心理漫画、幸福墙、黑板报、午间心灵之约广播、校园心理情景剧、心理主题班会、心理小课题探究等成为学生们释放压力、自我探索、自主成长的最好载体。心理健康活动月营造了良好的校园心育氛围,调动同学积极参与和投入各类活动,在自主体验中促进学生心理素养的全面提升。心理健康活动月从2002年至今走过了17年,已经成功举办三十五届活动,成为了南洋中学的心育品牌项目,形成的《积极适应,共同成长——心理健康月活动》校本教材,荣获多项市区级奖项。

2002—2019年学校心理健康活动月主题:

届次	主题	届次	主题	届次	主题
1	关注心灵	13	自主自信,有效学习	25	绽放笑容,传递美好
2	美丽心灵,美丽人生	14	尊重父母,积极沟通	26	悦纳自我,发挥优势
3	挑战自我	15	感受幸福,携手成长	27	积极沟通,完善自我
4	学会沟通和关爱	16	直面压力,发挥潜能	28	发挥优势,规划未来
5	快乐心情、健康行为	17	积极面对,把握现在	29	看见力量,坚韧自我
6	科学减压,减压增效	18	梦在心中,路在脚下	30	绽放笑容,美丽心灵
7	学会学习,终身受用	19	积极适应,共同成长	31	不忘初心,知行并进
8	学会关心,勇于负责	20	发挥优势,有效学习	32	看见力量,拥抱未来
9	珍爱生命,尊重生命	21	规划人生,成就梦想	33	把握当下,携手成长
10	诚信你我,愉快合作	22	分享阳光,拥抱梦想	34	发挥力量,提升弹性
11	坚韧自信,积极适应	23	坚韧自信,积极应对	35	美丽心灵,传承·遇见
12	始于心动,见于行动	24	和谐心灵,共同成长		

学校注重将心育融入德育活动,有效促进面向所有学生的校外实践育人目标的达成。一是形成高一爱国之旅南京行,高二文化之旅场馆行,高三成人之旅上海行的德

育课程体系。二是倡导高中学生积极投身志愿者服务,每位学生每年至少志愿服务40小时,使学生在挑战性任务的体验中内化心理素养。例如,团委组织的瑞金医院彩虹家园音乐志愿服务活动已坚持了近10年,上海公安博物馆义务讲解也形成了合作机制。学生的实践活动受到合作单位的一致好评,也使学生在更广阔的空间中进一步明确自身的社会责任感,感悟到良好的行为习惯对社会、对个人成长的影响。

学校十分重视良好的校园教育氛围,各类讲座、升旗仪式、班级黑板报、校园网特色版块、"心灵之约"广播等成为德育和心育的有效宣传途径,营造良好的校园教育环境。在南洋"育人为本、德育为先、心理和谐、共同成长"育人的文化氛围中,运用"设境体验,知行并进"的心育模式,在学校德育中培育了学生自信、韧性、负责的核心心理素养,用时学校也积累了一批成功案列。高一年级认同教育,高二年级坚韧教育,高三年级责任教育(分别对应心育的自信、韧性、负责育人目标)。每位学生三年来至少参与6次心理主题班会辅导活动,6位班主任分别开设市区级心理主题班会课,两位班主任获得区主题活动一等奖,形成《关注心灵,共同成长——班主任心理主题班会》校本教材1份。

结束语

总之,德育与心育是一对孪生姐妹,两种教育活动相互补充相互交融,"以德养心、以心育德"是做学生教育工作的有效途径。同时我们也看到:着眼于灵魂塑造、心理发展的"育人育心、育心养德"的教育工作要不断创新、不断尝试、不断总结。南洋中学将继续构建以思想道德教育为导向,以心理健康教育为基础,以体验教育为基础途径的教育方式,立足于"设境体验,知行并进"的育人模式,着眼于"学生全面发展",使德育与心育达到最优化的"交融和渗透",从而改变学生内在品质,提升学生素质,使学校德育与心育工作再上新台阶!

第三章

智心融合,培养有驱动力的学生*

---

* 作者:上海市位育中学　李响　高蓉　莫翼　金莉

一、学校特点

位育中学是一所上海现代化寄宿制高级中学。江泽民同志亲笔为学校题写校名。位育中学创办于1943年,创始人是著名教育家李楚材先生。"位育"一词取自《中庸》的"致中和,天地位焉,万物育焉"。李楚材先生把它表述为"生长创造"。1998年初高中脱钩,位育中学南迁至华泾地区,成为上海现代化寄宿制高级中学之一。2005年2月成为上海市首批实验性示范性高中之一。

在位育中学广大教职工长期不懈的努力探索中,形成了一系列清晰、坚定、牢固的共识。我们有理念共识:双自主发展;目标共识:建设美丽生态校园,实现师生双自主发展和把握机遇、提升内涵,实现学校跨越式发展;路径共识:持之以恒地抓好"3+1+2"的基础性核心性工作,其中"3"为课程建设、队伍建设、寄宿制办学特点优势化建设等;策略共识:滚动推进、整合发展;方法共识:依靠广大教职工与发挥骨干引领作用相结合。学校在资优学生培养、创新实验班建设中积累了一定的经验,办学成效显著。

全校上下心齐劲足,学校处在稳定发展的通道之中。学校在强化优化系列共识的基础上,"3+1+2"基础性核心工作已基本形成并不断完善着相关的工作机制,课程和队伍建设等工作比较好地紧跟着教改、考改的发展节奏,教育教学重大指标持续向好,可持续发展核心力不断提升。

二、智育心育融合目标

学校心理健康教育,是以心理学的理论和技术为主要依托,并结合学校日常教育、教学工作,根据学生生理、心理发展特点,有目的、有计划地培养(包括自我培养)学生良好的心理素质,开发心理潜能,进而促进学生身心和谐发展和素质全面提高的教育活动。智育是向学生传授系统的文化科学知识和基本技能,发展其智力的活动。智育工作的这三个方面的任务都与心理健康教育密切相关。在课堂教学过程中渗透心理健康教育,是学校开展心理健康教育最有效、最有价值的途径。心理健康教育是智育的基础,将课堂建设与心理健康教育有效融合,不仅能促进学生生动、活泼、主动地学习,同时也拓宽了心理健康教育的实践领域,为学科教学提供了更为广阔的变革空间,真正体现了"以人为本"的教育理念,有效保证了教学质量,智心融合的最终指向是提升学生的学科核心素养,激发学生的学习驱动力。

(一) 学校智育目标

位育中学把培养学生的六大核心素养即人文底蕴、科学精神、学会学习、健康生活、责任担当和实践创新作为智育培养目标,具体细化为文化沉淀、社会责任、国家认同等18个基本要点。六大素养既涵盖了学生适应终身发展和社会发展所需的品格与能力,又体现了核心素养"最关键、最必要"这一重要特征。它们之间相互联系、互相补充、相互促进,在不同情境中整体发挥作用。

(二) 学校心育目标

位育中学心理健康教育工作遵循教育部《中小学心理健康教育指导纲要》精神,积极培养学生乐观向上的心理品质,促进学生人格的健全发展。帮助学生适应高中学习环境,发展创造性思维,充分开发学习的潜能;正确认识自己的人际关系的状况,建立对他人的积极情感反应和体验;提高承受挫折和应对挫折的能力,形成良好的意志品质。

(三) 学校智育心育融合目标

学校的智育教育致力于培养学生的核心素养。学科核心素养是指学生通过本学科学习而逐步形成的正确价值观念、必备品格和关键能力。"关键能力"属于智力因素,"必备品格"主要属于非智力因素,"正确价值观念"属于价值取向,三者的关系图如下图所示。

核心素养涵盖了智力因素和非智力因素,智育心育融合的目标,就是通过培养,使非智力因素促进智力因素的发展。

教育部印发的《中小学心理健康教育指导纲要(2012年修订)》中提到,心理健康教育的具体目标包括"使学生学会学习"。此目标贯穿于中小学心理健康教育的始终。帮助学生学会学习,开发学习潜能,提高学习效率,积极应对学业压力,在学习过程中获得成功的体验,也符合当前积极心理健康教育的理念。智育与心育的融合,致力于培养学生的必备品格。学习驱动力即学习动机,是直接推动学生进行学习的一种内部动力,是社会和教育对学生学习的客观要求在学生头脑里的反映,表现为学习的意向、愿望或兴趣等,对学习起着推动作用。因此,智育和心育融合的目标,应是指向学生核心素养提升的驱动力的培养。

三、实施途径与方法

认知心理学认为,学生学习内驱力来源于学习动机,学习动机强,学习行为积极,主动性高,学习效果好。教育心理学认为,学习动力从来源划分,有内部动力和外部动力,内部动力具有最强的驱动力和最持久的持续时间。培养学习内驱力是时代的需要。核心素养是学生适应终身发展和未来社会而具备的必备品格和关键能力,学会学习是学生核心素养的重要内容。学习力是一个人的核心竞争力,它包括学习的动力、学习的毅力和学习的综合能力。增强学生的学习动力,是落实立德树人根本任务的要求之一。

位育中学对学生智育方面的培养始终指向学生核心素养的提升,而课程就是培养学生核心素养,激发学生学习驱动力的核心抓手。

(一) 在课程实施中，培养学生非智力因素，激发学生驱动力

非智力因素是人们在智力活动中逐渐形成的。人们在认识、感知世界的过程中产生了需求、动机、态度，通过对自然界的探索、对社会的观察、对真理的追求，培养了浓厚的兴趣和情感、坚强的意志，以及勤奋、自信、勇敢的性格。在智力活动中逐渐形成的非智力因素自然受到智力因素的影响。另一方面智力活动的结果能转化为动机、情绪等非智力因素。学校通过搭建完善的课程平台，让学生在智力活动中体验成功，从而增强信心，提高兴趣，产生驱动力。

在位育中学的发展过程中，我们形成了对德智体美等诸育内涵的位育理解，并以此作为课程建设的具体目标。关于德育，它包括坚定正确的政治方向、对公序良俗的深刻敬畏、文明优雅的行为习惯、健全的人格。关于智育，包括全面参与国家课程和基础性校本课程修习，积极参与发展性校本课程修习，在掌握有关知识的同时，养成自主的学习方式，提高人文素养和科学精神，在勤奋、反思、调整、坚持的滚动中不断进步。

位育中学以基础型、拓展型、研究型课程为主干，构建学校课程体系。在基础型课程的校本化中，把心理课程放在重要位置，由专职心理教师授课。此外，每班设有心理委员，重视朋辈辅导。学校在重大教学阶段会开设心理讲座，并利用家长学校向家长介绍青少年成长中的心理知识。学校有面向全体学生每周两节的拓展课，有面向资优学生的竞赛辅导和暑期各类活动。在拓展型和研究型课程中，学校综合实践活动课程中的六大校园节日包括传播体育文化、享受健身乐趣的体育文化节；弘扬高雅志趣、体会艺术魅力的艺术节；倡导寝室合作、提升寝室内涵的寝室文化节；展示社团风采、培育领袖气质的社团节；促进民族团结、加强交流融合的民族团结教育周。四大社会实践考察活动是南京、绍兴社会实践，雁荡山自然科学考察和齐鲁文化考察。除雁荡山自然科学考察和齐鲁文化考察外，其他活动涉及全校每位学生。六大校园节日为主的综合实践活动课程涵盖了拓展型课程和研究型课程的部分内容，并随着教育改革的发展和学生实际情况的变化不断完善。

在内容丰富、层次多样的课程中，学校心理教育的载体更加扎实，形式更加多样。学生的自我智能开发、学习策略掌握、学习品质改善等方面都得到了发展，在一定程度上提高了学生的学习成绩，使学生取得了更大的学业成就。

附件1：位育中学生物课作业设计

Z1003：药物成瘾主题调研

药物成瘾是一类慢性、复发性疾病，其特点是失去控制地应用某种成瘾性药物，如可卡因、海洛因、吗啡、酒精等，给患者生理和心理上带来严重的伤害。

请以小组为单位，通过讨论将主题分解，自选角度开展主题调研活动。

1. 作业要求

(1) 采用多种方式，如查阅相关论文、网站、影视资料，采访相关医疗工作人员，发放调查问卷等，从神经科学的角度探索药物成瘾的机理及其危害。

(2) 整理调研内容，形成科普展板，在学校、社区开展科学宣传。

(3) 结合神经冲动传导方式、突触结构和功能这一部分内容，寻找合适的材料，制作神经元和突触结构的三维模型，并在科学宣传过程中结合制作的模型对药物成瘾的机理进行阐述。希望你们的模型能够准确、形象。鼓励用更加多元的方式完成小组作业。

(4) 以小组为单位完成作业。

(5) 开展调研活动前先制定切实可行的小组行程计划。

(6) 调研活动中请注意安全。

(7) 科普展板制作规范如下：

展板由教师统一提供，展板大小为 90 cm×60 cm，每组一片，展板需包含标题、制作成员、文字、图片、参考资料、排版几项，每项要求如下表。

项　目	要　求
标　题	醒目，切实突出调研主题，字数不要太多
制作成员	注明海报制作成员姓名
文　字	用最简洁的文字说明想传达给参观者的信息内容，易读性高

(续表)

项 目	要 求
图 片	图片与文字相辅相成,图片数量适宜,主辅清楚,取舍得当
参考资料	对展板中引用的内容注明参考资料
排 版	布局从上到下,从左到右,美观

2. 评价量规与对应目标

作业内容	对应目标	评价标准	评 分			
实践调研	(1) 了解药物成瘾对个人和社会的危害。 (2) 熟悉收集信息资料的方法,能够运用资料辅助学习。	(1) 能够从多种渠道收集信息,对信息进行甄别整理。 (2) 展示作品内容完整。	选题恰当	计划详实	方式多样	信息甄别	内容完整
模型制作	(1) 理解神经冲动的传导方式、突触的结构和功能。 (2) 乐于动手,敢于突破创新。	(1) 模型制作准确形象。 (2) 模型制作有创新点。	选材恰当	标注准确	美观性	科学性	创新性
成果展示	(1) 能联系信息在神经系统的传递过程分析实际问题。 (2) 能用合适的方式展示调研成果。	(1) 能结合模型正确阐述药物成瘾的机理。 (2) 展示交流时逻辑清晰、语言规范流利。	声音洪亮	亲切大方	语言规范	逻辑清晰	通俗易懂

实践调研(均分):_____ 模型制作(均分):_____ 成果展示(均分):_____
总体评价(各项均分):_____

* 说明:
(1) 评价标准中每项的评分从高到低为:5分(非常好)、4分(比较好)、3分(较一般)、2分(有欠缺)、1分(需努力)。
(2) 每组最终得分由学生打分(均分)和教师打分共同构成。

3. 学生作业展示

(1) 科普展板

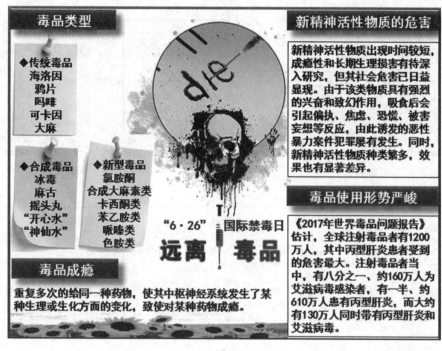

图 1

(2) 模型制作

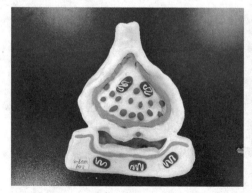

图 2

图 3

五育并举　立德育心

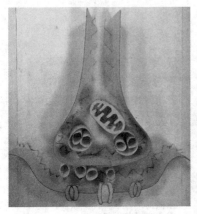

图 4

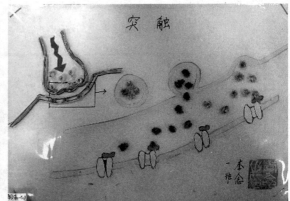

图 5

题目编码	所属课时	对应目标编码	目标维度与学习水平	题目类型	题目完成方式	题目难度	预计完成时间	题目来源	是否为某一大题拆分	备注栏
Z1003	01	SK1010504	B理解	非书面	综合实践类	中等		改编	否	小组合作类，也对应目标SK1010510

设计说明：

本题利用"药物成瘾"这一案例，紧紧联系生活实际，除了考察学生应该掌握的基础知识，还增加了一些开放性、实践性的考察，利用模型制作、主题调研等形式，培养学生学习兴趣，考察学生知识运用能力，强调思考、分析和解决问题的综合实践能力和合作能力，锻炼学生在不同情境下利用所具备的知识和技能处理复杂任务的能力，培养扎实的学科观念和学科视野。

本作业设计增加单元目标SK1010510"认同并采纳健康文明的生活方式，远离毒品，向他人宣传毒品的危害"，并以课时作业Z1003和单元测试题S0015与之相对应，以培养学生的核心素养。其中，Z1003的"药物成瘾"因其对个体、家庭和社会诸多层面的伤害巨大而备受关注。社会大众对于成瘾者存在偏见、误解以及负面的道德评判。要解决这个问题需要消除歧视与偏见，让人们正确看待成瘾者，才能为成瘾者提供更好的帮助。因此,药物成瘾不仅仅是医学问题,也涉及法律、社会和伦理问题。这是培养学生形成积极的生活态度和价值观的良好素材。Z1003针对药物成瘾进行主题调研,使学生在面对现实世界的挑战时,能充分利用生物学知识主动宣传引导,承担抵制毒品和不良生活习惯等社会责任。这样,不仅考察了学生的知识水平,同时有助于学生形成善待生命、促进健康的态度和价值观。

在学生完成作业的同时,能够体会学科学习带来的乐趣,体会参与学习带来的收获,能在各个方面展示自己的特点,在生物学习中体验成功,从而增强信心,提高兴趣,产生驱动力。

(二) 在课程活动中,以非智力因素促进智力因素,提升学生的内驱力

现代研究证明,在后天的智力开发培养中,智力因素也始终受到非智力因素的影响。强烈的好奇心、浓厚的兴趣能促使人潜心钻研、深入思考、积极想象,从而有助于思维能力的提高;良好的意志力有利于观察更细致、注意力更集中;有高度责任感、自信心强、自制力强等性格特征的人,能顽强学习、克服困难,使智力得到充分发挥。其次,非智力因素能够帮助智力活动最终目标的实现。任何一项智力活动从产生动机到实现目标都不会一蹴而就,在实现目标的过程中总会遇到各种困难和干扰,如果具有较高的成就动机、顽强的意志力、乐观积极的态度、坚强的自信心,就能使人克服困难,始终不渝地将智力活动进行下去,达成目标。良好的非智力因素是智力活动持续进行的必要保障。

位育中学在面向全体、全面发展的基础上,高度重视优秀学生的培养。对优秀生的培养,学校强调的是高位均衡,这其中既有国家和社会对人才培养的需要,也有位育生源的特点。位育中学的学生是经过选拔的,对优秀学生的培养要有位育情怀。在面向优秀学生的暑期科学考察、文化寻根之旅、竞赛辅导等课程中,着力培养学生的坚强意志、顽强毅力和锲而不舍的精神,在团队活动中,打造学生善于合作、和谐包容、积极进取、服务社会的品质,并以此为中心把自己的需要、愿望、目标和行为统一起来,树立远大理想,从而产生强大的学习内驱力,推动学生努力完成学业,自觉攀登科学高峰。

附件2

自主发展与课程引领下的位育中学南京社会实践考察活动

位育中学在高一年级全体学生中开展南京社会实践考察已有十余年的历史。南京是一座有着丰富历史底蕴的六朝古都,在中国近代历史中,这座城市记录了中华民族屈辱的一页。改革开放后,这座历史名城绽放新的光彩,日新月异的发展鉴证着40年历史前进的轨迹。通过南京社会实践考察活动让学生体会改革开放40周年的丰硕成果,有着得天独厚的条件。在南京社会实践考察活动中,学生通过在南京大屠杀遇难同胞纪念馆、雨花台烈士陵园的集会活动,接受爱国主义教育;通过以小组为单位的社会调查课题研究,培养合作学习能力;通过四天南京的独立考察生活,锻炼生存能力。在社会实践中,感受改革开放40周年来的伟大成就。

1. 理论依据和工作思路

社会实践活动是培养学生创新精神和实践能力、提升学生综合素质的良好载体,是实施素质教育的一种良好形式。社会实践活动是学校"综合实践活动"课程的一部分,以课程为载体,使学生能够融入社会,感受生活,通过参与、体验与感悟,增强对社会的认识和理解,发展学生的批判思维,增强学生的社会责任感。通过社会实践考察活动,有助于提高学生的参与能力,有助于激发学生对社会问题的思考,有助于提高学生的核心素养,培养学生的政治认同。

位育中学的南京社会实践考察活动突出两史一情教育、生存教育、合作学习这一不变的主线,又结合每届学生的不同特点与党和国家的重大时事背景确定新的重点。如,在今年的南京社会实践考察活动中,学校以"潮起金陵 砥砺前行"为主题,引导学生关注南京改革开放40年来取得的成就,通过摄影比赛、课题探究等形式,记录南京的历史变迁,感受改革开放的时代意义。

2. 实施过程及特色做法

(1) 以理想信念教育为灵魂，发挥德育引领的作用

学校的政教处和团委对南京社会实践考察活动中的两次集体集会进行活动设计。在南京大屠杀遇难同胞纪念馆，学生通过主题演讲、参观、调查问卷等形式悼念南京大屠杀中的死难者和所有在日本帝国主义侵华战争期间惨遭日本侵略者杀戮的所有死难同胞，牢记侵略战争给中国人民和世界人民造成的深重灾难，表明中国人民反对侵略战争、捍卫人类尊严、维护世界和平的坚定立场。在雨花台烈士陵园，团员开展"信仰铸青春　誓言勇担当"主题团日活动。学生缅怀革命先烈，新团员进行入团仪式，全体团员重温入团誓词。通过主题团日活动，教育青年团员要筑牢信仰根基，强化报国之志，始终保持为实现党的奋斗目标而担当拼搏的高度自觉；激发信仰力量，锤炼担当本领，加强学习，在社会实践中丰富阅历、增长才干、锤炼意志；践行信仰要求，以先进思想和模范行动凝聚位育学生向上向善的正能量。

(2) 以课程为载体，提升实践考察的实效

位育中学将南京社会实践考察活动列为学校的研究型课程，从课程建设的角度不断完善活动的内涵。以自主体验、合作探究为课程的主要活动方式，突出学生的主体地位，促进学生综合素养的提升。在课题的选择中，学校为学生列出了几十个参考选题，今年，学校着力挖掘改革开放40周年的相关课题供学生参考。学生可在推荐课题中进行选择，也可根据实际自行拟定考察课题。年级组牵头不同学科，整合优势的师资资源，在考察活动开始前对学生进行课题选题和开题报告撰写的辅导，在活动中为课题实施提出建议，在论文撰写阶段进行指导。最后进行课题答辩会，评选出优秀课题。以课程为载体，以课题研究为形式，南京社会实践有抓手、有路径，提升了活动的质量和实效。

位育中学开展南京社会实践考察活动已经有十余年的历史，活动锻炼了学生的综合素质，成为了位育学子成长记忆中难忘的一页，也成为贯彻学校"双自主"发展理念的特色课程的一部分。每年的课题研究中，都能涌现出一批优秀课题，这些课题内容聚焦城市运行、河道治理、科技创新、医疗卫生、经济发展、社会治理、文化建设等方面，一些课题还在上海市未来杯中学生社会实践大赛等比赛中获奖。

3. 经验与启示

每年的南京社会实践都有高一年级和新疆部的400余位师生参加,从活动的前期准备到组织实施再到后期总结反思,凝结了学校各个部门的心血。南京社会实践活动的成功开展,离不开以下几个因素:

(1) 把握社会实践活动中的"变"与"不变"

南京社会实践考察活动始终坚持两史一情教育、生存教育、合作学习这一不变的主线,又结合每届学生的不同特点与党和国家的重大时事背景确定新的重点。在"变"与"不变"中既保留实践考察活动的精髓,又不断推陈出新,呼应学生思想上关注的焦点。在课题的选择中,引导学生关注民生,关注社会,又聚焦时代发展的新热点、新技术和新要求,使南京社会实践考察活动始终焕发青春的魅力。

(2) 打破学科边界,整合学科资源

在新高考背景下,以课程为载体培养学生的核心素养是位育中学在学校发展中高度关注的问题。南京社会实践活动不是简单的参观走访,更不是走马观花的春游,而是打破各学科边界,充分整合学科资源的综合课程。学校的语文、政治、地理、历史、信息、物理、化学、生物等各教研组共同规划学生的南京考察课题,经常是几位不同学科的教师共同指导一个课题。在学生的课题研究中,跨学科整合的资源给学生更高的视野和更加开阔的思路。以课题研究为形式,既使得跨学科整合课程载体明确,又使得社会实践考察中的德育渗透浸润到每一天、每一个活动中去,让社会实践考察活动更有意义。

(3) 各部门协同配合,合力保障活动的安全有效开展

由于学生从登上火车离开上海,到在南京的每一天出行考察,都是以小组为单位进行的。因此,学生的安全是学校关注的头等问题。每年的3月,学校的总务、政教处、年级组等部门的老师都会先行赴南京,就学生在南京考察期间的住宿、集体活动场地、出行等问题逐一落实细节。在南京活动期间,班主任与各课题小组保持频繁的通讯联系,掌握学生的实时动态。每天返回驻地后,班级进行当天的活动点评,年级组召开班主任会议,及时反馈各班级的活动情况。各部门同心协力,有制度、有落实,确保了坚持十几年的南京社会实践考察活动万无一失。

图6

图7

位育中学的南京社会实践考察活动是课程,它横跨多个学科,提升了学生的学科核心素养,考察活动也是经历,它磨炼了学生的意志,锻造了具有高度凝聚力的班级氛围和校园文化。随着时间的推进,这项位育中学的特色实践考察活动还会不断推陈出新,成为位育历史中熠熠生辉的篇章。

附件3:上海市"我与十三五"主题征文获奖作品

治大国若烹小鲜

"中庸之为德也,其至矣乎。"这是中国人为人处世的理念。中庸之道,是不偏不倚,折中调和的理念。

较之于恰恰好,不偏不倚的正中,似乎寻求一个平衡点更为恰当。古之贤者的理想,不是求得权倾朝野或是官名显赫,而是希望既施泽于民,又寄情山水。清代刘大櫆就曾作记抒发上述看法。

不只是个人之为官。对一个家庭而言,协调理念亦是至关重要的。支撑一个家庭的不只是一方肩负经济重担,还需要一方照顾生活起居,协调关系。经济和情感应该处于一种协调的平衡关系,不能过于关注经济收入而忽略家庭的情感联系,否则这与各奔东西的陌生同居者有何区别;亦不可过于腻歪于情感,而忽略了家庭经济的重担,那家庭无疑会在贫苦的重压下分崩瓦解了。

"修身齐家治国平天下。"(语出《礼记》)即若于身于家皆需协调理念,那无疑可以类推出治国平天下之中协调理念的重要之处。

古时伊尹见汤是个贤德的君主,便向他提出自己的治国主张,"治大国若烹小鲜。以道莅天下,其鬼不神;非其鬼不神,其神不伤人;非其神不伤人,圣人亦不伤人,夫两不相伤,故德交归焉。"(语出《道德经》)治理大国就好像烹调小鱼,油盐酱醋料要恰到好处,不能过头,也不能缺位。治理国家,尤其是大国,协调的重要性不言而喻,发展的各方面要恰到好处,不能过头,也不能缺位。

党的十八届五中全会提出了创新、协调、绿色、开放、共享五大发展理念。其中,协调的理念就是从中华上下五千年的历史中传承下来的治理国家的信条:治大国若烹小鲜。我国地大物博,无论自然条件、民族习俗文化、区域经济发展等都存在着较大差异。如何协调各方矛盾,使行业之间,城乡之间,区域之间协调共进,使既对立又统一的矛盾成为推动社会发展的源泉和动力,使各类资源有效调动、利用起来,这便成为了现今国家治理的重中之重。所谓协调就是求大同存小异,携手共进,互利共赢。所谓科学发展,正是发挥中国人的智慧,用好改革发展中的各味"食材",激发出每一味"食材"最美好的味道,烹制出一桌既营养、又健康的珍馐美味。

我国西部大开发就是得益于我国协调的发展理念。由于自然、地理、历史等多种因素,导致了西部经济落后于东部地区,为应对这种地区矛盾,这就要求我们调整原先西部高投入、高消耗、高污染的传统产业结构,协调各方的资本投入、人才流动、技术引进和政策扶持。大力开发资源节约、环境友好的新型产业结构,以协调矛盾来推动西部转变为电子信息等产业的集中地。在开发的同时,环境与经济相协调,补短板,促前进。

正如习近平主席所说,我们既要金山银山,又要绿水青山。于我国而言,则要寻求经济效益好与环境污染少资源消耗低的协调。加快产业结构转型,走新型工业化道路成为我国经济转型之路上的关键。在驾驭好中国经济这辆高速前进的列车的同时,不忘政治、经济、文化、社会、生态共同发展。协调是个不能忽视,不容小看的关键部分,是让我们化矛盾冲突为动力,以多元平衡践行于社会发展的中心环节。

治大国若烹小鲜,我国现在的发展一如简简单单的烹调,当油盐酱醋的味道处于一种协调之时,那说是饕餮美食也是不为过的。

点评:

这篇文章从"治大国若烹小鲜"这一古人的治国理念入手,分析了中国经济发展中存在的种种矛盾。自古以来,哲学界就是从事物的对立统一及其矛盾运动去理解和把握"和谐"的。和谐是矛盾同一性的一种表现形式,是事物在矛盾运动中实现的较佳或最佳发展状态。和谐以事物的多元构成为前提,以适当的矛盾斗争为动力,以系统结构的优化和系统对外开放为条件,以发挥较大或最大功能为标志,以事物的全面协调发展为归宿。在学生看来,实现"和谐"的途径就是"协调"。文章思辨色彩浓厚,行文流畅,令人耳目一新。学生带着对国家和民族的责任感投入到学习中,又用学习到的理论分析现实问题,知行合一,学到了真本领。

(三) 在课程建设中培育校园文化,智心融合,巩固学生的驱动力

如何使学生保持长期的内驱力,是位育中学在课程建设中思考的重要问题。学校通过课程建设,培育和谐向上的校园文化,智心融合,巩固学生的驱动力,助力学生成才。

作为一所寄宿制学校,校园文化的范畴不仅包括课堂空间,更延伸到学生在校的24小时。在位育中学的课程建设和实施中,综合实践活动坚持以课程为载体,使学生能够融入社会,感触生活,通过参与、体验与感悟,增强对社会的认识和理解,发展学生的批判思维,增强学生的社会责任感,提高学生的参与能力,提升综合素养。学校依托寄宿制学校在时间和空间上的优势,将学校的六大校园节日和四个实践考察活动分为不同的维度,划分为品德修为、身心健康、人文底蕴、科学精神、艺术审美五大类,培养目标涵盖人文底蕴、科学精神、学会学习、健康生活、责任担当、实践创新六大素养,打通学科、年级的界限,每一个单独的项目都有目标、实施流程、活动架构和评价机制,滚动推进,整合发展。

位育中学综合实践活动课程框架

两种类型 五大领域	拓展型课程 (发展性学力)	研究型课程 (创新性学力)
品德修为	社团节、民族团结教育周、寝室文化节	南京社会实践
身心健康	体育文化节	社团中的体育类竞赛
人文底蕴	社团节	南京、绍兴社会实践,齐鲁文化考察
科学精神	科技节、雁荡山自然考察	社会考察中的研究性学习、项目性学习,科技节中的科技竞赛
艺术审美	艺术节、社团节	艺术类汇演

心理健康教育是素质教育的重要组成部分,心理教育课程化的建设与实施必将在位育中学的教育实践中不断推向深入。我们相信,这不仅提升了学校的办学特色,更重要的是学生在其中会收获超乎知识与技能的东西,即个人综合素养的全面提升。

附件4

位育中学寝室文化节项目建设方案

项目名称:位育中学寝室文化节

项目目标:

寝室是我们的家,是我们身心休憩的港湾。在这里我们记录下生活中的点点滴滴,也享受着那份属于自我的空间。学生寝室是校园文化的窗口,寝室集体作为位育中学学生的基本群体组织相对于其他学生组合有着独特的功能和影响。寝室成员长期的共同生活影响着每个成员的生活方式、学习态度、行为规范、价值理念和理想信念,并由此形成独特的寝室文化。为了进一步推进学生寝室文明建设,营造温馨舒适的寝室环境,团委、学生会举办了寝室文化节。活动旨在丰富同学们的生活,提高同学们的寝室生活质量,更好地展现我们丰富多彩的位育校园生活,体现寝室的积极向上的精神风貌,培养同学们各方面的动手创新能力。

项目流程:

一、初赛活动方案

1. 报名表

截止时间:待定。

高一、高二每班推选两个寝室(最好一个男寝一个女寝)上交报名表,根据报名表上的内容进行加分评选。

2. 加分标准:

(1) 寝室及寝室成员获奖情况

示范寝室、文明寝室　　　　加 10 分

寝室成员获奖:　　全国　　加 15 分

　　　　　　　　　市级　　加 10 分

　　　　　　　　　区级　　加 5 分

　　　　　　　　　校级　　加 2 分

(2) 寝室成员职务加分

学生会　　部长及以上　　加 5 分

　　　　　干事　　　　　加 3 分

社团　　　社长及副社长　加 5 分

班级　　　班干部、团支书　加 5 分

　　　　　课代表　　　　加 3 分

(3) 成员社会活动加分

各敬老院、关爱小屋、阳光之家　志愿者　加 5 分

另有其他社会志愿服务经历或社会活动经历需出示凭证、记录或照片　酌情加分

注:仅限高中。

二、复赛活动方案

1. 海报制作环节

截止时间:待定。

海报制作是一个展示寝室的很好的平台。对于学生来说,制作海报并不是一件难

事。第一届的海报制作中也涌现出了非常多的优秀作品,展示了位育学子的艺术风采。所以,第二届的寝室文化节仍然保留这个环节。

(一)参赛对象及要求

(1)全体报名寝室(主要针对女生寝室)。

(2)每个寝室需有一位负责人(最好是该寝室室长),便于工作的展开。

(二)海报制作及要求

(1)制作形式:不限,可以打印、手绘等。

(2)尺寸:50 cm×90 cm,便于在食堂门口和男寝大厅进行张贴,以保证整齐美观。

(3)海报要求图文并茂,标明寝室和班级。

(三)评选

海报张贴完以后,分发笑脸贴纸给高一、高二的每一位同学以及高三的部分学生,由他们在规定时间前将笑脸贴纸贴在喜欢的寝室海报上。一个笑脸计一分,由干事们负责统计数量。根据笑脸的数量来决定入围寝室。

2. 体育方面的比赛(此版块将与体育部合作)

截止时间:待定。

针对第一届中男生参与度不够的情况,本届中将新增这一板块,希望可以调动起男生们的积极性。

(一)参赛对象及要求

(1)全体报名寝室(主要针对男生寝室)。

(2)每个寝室需有一位负责人(最好是该寝室室长),便于工作的展开。

(二)具体活动内容及规则

(1)投篮大赛。一个男生寝室有3—4个人,每人投五个球,进一个记一分,总分除以该寝室人数(即取平均数)。

(2)点球大战。一个男生寝室有3—4个人,每人在规定点罚点球,进一个记一分,总分除以该寝室人数(即取平均数)。

(3)若有女生想参加体育这项比赛也可以。投篮大赛不变,点球大战改为排球发球比赛。女生寝室3—4人,每人五球,过网且不出界记一分,总分除以该寝室人数(即取平均数)。

(三)评选

将各寝室各项分数累加后,选出前几名入围。

三、决赛活动方案

活动时间:待定。

要求:

(1)入选寝室成员到场进行寝室风采展示,形式可为歌舞、小品、诗朗诵等,形式不限,但需展现出寝室风貌,由教师评委加学生评委评分。如需配乐,请提前三天交至高二(6)班刘思尧处。

(2)比赛将根据初赛分数占百分之二十、复赛百分之三十、决赛百分之五十的比例算总分。

评价方式:

在全校评选出最终入围寝室12个,通过寝室风采展活动选出位育中学明星寝室4个。

方案点评:

作为一所寄宿制高中,如何发挥学校的寄宿制优势,如何依托寝室营造积极向上的校园文化氛围,一直是位育中学在学生教育中关注的问题。团委、学生会联合举办的寝室文化节活动,旨在通过一系列学生自主策划、完成的寝室风采展示活动,倡导积极向上、团结互助的寝室文化氛围,传播校园正能量,推进学校文化建设。在营造长期的校园文化环境中,使学生产生长效驱动力,促进学生的全面发展。

寄宿制生活具有以下特点:

1.寄宿生活满足了中学生交往的需要,弥补了独生子女普遍存在的交往不足的缺点。

在寝室文化节的相关调研中,我们看到三分之二的学生对住宿生活持喜爱及肯定态度,并且这种情况随年级的升高呈上升的趋势。对于大部分为独生子女的寄宿生而言,在成长的过程中行为处世都是以单体的方式存在,未曾体会过群居的感觉,所以在初次接触寄宿制生活的时候对寄宿生活表现出好奇与向往,但随着住宿时间的加长,寄宿生活的问题接踵而来,不免在与人相处交往中表现出障碍及难以适应,人际交往技巧的缺乏使得寄宿制学生在此时表现得不知所措,初始时的好奇心与向往逐渐被不适应感与焦虑替代,但随着住宿时间的加长,随着人际交往技巧的不断提高,这种障碍逐渐消退,对住宿生活的适应能力也日益增加,对住宿的兴趣便呈现出随年级升高而上升的趋势。

事实说明,寄宿生活可以满足中学生日益增强的交往的需要,起到弥补中国独生子女中普遍存在的缺乏人际交往的问题,同时在独生子女的成长过程中形成的闭锁心理也在寄宿生活中得到调节与改善,弥补了独生子女在人际交往方面的不足,更使他们在寄宿生活中学会一定的人际交往技巧。寝室文化节正是为同学间,尤其是室友间的交往提供了更好的展示平台。

2. 寄宿生活增加了中学生交往的频率与机会,并且提高了中学生交往的独立性和主动性。

寄宿制高中生在与朋友的交往中,通过"尝试错误"或"正向强化",了解哪些行为是受人欢迎的,哪些是不受人喜欢的,等等,从而学到了必要的社交经验和社交技巧,提高了宽容和理解能力,为将来走入社会,建立良好的人际关系打下了基础。友谊对高中生而言有着特殊而重要的意义。友谊可以促进学习上的进步,促进情绪、情感的稳定和发展,促进社交能力的发展。寄宿生活让学生在广泛的交往中学会了交往的技巧,为今后进入社会后更广泛的人际交往打好基础。

寝室文化节通过海报制作、微电影拍摄等活动,展示寝室成员间的友谊,在合作中使同学们之间变得更加亲密无间。

3. 寄宿生活促进了中学生情感和情绪的稳定和发展,提高了中学生的宽容和理解能力。

在寄宿生活中与同学、室友的交往即同伴关系在很大程度上影响到寄宿制学生的情绪及心理状况。对于大部分学生来说,第一次面对寄宿制生活都需要我们尽快地调整自我来适应新的生活与学习,而在寄宿生活中人际交往很大意义上直接影响到一个学生的情绪的稳定以及今后的学习与发展。

寄宿制学生犹如生活在一个小社会中,个人的言行往往受到他人种种的限制,随着与同学、室友的接触日益增加,个人或他人的缺点逐渐暴露出来,生活习惯的不同,处世方法的不同,往往引起争端,寄宿制学生在与他人的摩擦中逐渐学会理解和宽容,从原先固定的自以为是的交往模式到开始设身处地地为他人着想。

4. 寄宿生活促进了中学生角色的定位,使寄宿制高中生在交往中尤显其自如性。

寄宿制学生在人际交往中所持的态度会基于不同的交往对象而随之改变,在与不同的人的交往中产生了角色及自身定位的变化。例如与同伴交往中,基于平等的地位而显得随和、不拘束;与家人的交往中由于年龄、阅历的不同,有时不愿向父母袒露心声,更多得依赖同学与朋友,但是寄宿制学生在与父母的交往中往往表现出不成熟与幼稚,在很大程度上仍对父母有很大的依赖性,同时又渴望父母平等地对待自己,希望得到父母的肯定;在与老师的交往中,老师往往占主导地位,一般是正式的交往,寄宿制学生虽然把老师看成朋友,但是仍然保持一定距离,保持被动,同时寄宿制学生又渴望得到老师的承认,从中得到自信与鼓励。

图8

图9

附件5

位育中学社团建设课程化实施情况总结

国家教育部发布的《基础教育课程改革纲要(试行)》对普通高中选修课的开设作了明确指示:"在坚持使学生普遍达到基本要求的前提下,有一定的层次性和选择性,并开设选修课程,以利于学生获得更多的选择和发展机会,为培养学生的生存能力、实践能力和创造能力打下良好的基础。"依托寄宿制优势,我校社团活动蓬勃发展,为保障位育中学社团活动课程化建设的开展,现制定此方案。

一、社团管理中的分类与调整

调整"社团设置与分类"。为了保障"学生社团与兴趣类选修课程整合模式"的实施,根据社团的性质和活动类型进行调整分类,以便于分层管理。

第一类——学科兴趣类:活动重在学科知识与课外延伸的统一,培养学生的学科素养和创新能力,如生命科学社等。

第二类——文学艺术类:活动重在人文性与艺术性的统一,培养学生的人文艺术素养,如文学社、诗社、辩论社等。

第三类——实践感悟类:活动重在认知、感悟,培养学生的社会责任感,如学生垃圾分类管理中心、丝念爱心社等。

第四类——科学技术类:活动重在科学实验、科技制作,增强探究和创新意识,如天文社、生命科学社等。

第五类——兴趣活动类:活动重在培养学生兴趣,开拓视野,如街舞社、摄影社、心言手语社、弦舞吉他社等。

第六类——运动竞技类:活动重在培养学生的竞技水平,如足球社、乒乓球社、羽毛球社等。

学生根据自己的兴趣爱好、各自特长,自愿报名,提高了全校学生的参团活动率。

二、安排"特色社团课程"

以"三结合"整合模式,即社团活动与研究性学习相结合,社团活动与社会实践相结合,社团活动与兴趣类选修课程相结合,建立校本选修课程。按集中与分散相结合的原则:集中是每周五下午2课时;分散是指每周一至周四下午16:30—18:00这段时间,社团课自由安排活动。加强过程管理,形成社团活动课程化规律。学校每年一次大型社团活动,各社团每学期一次规模活动,每月1—2次小型活动课程。

三、实施"社团活动案例研究"

学生根据自身的爱好,自身发展的特点,申请加入某一社团,社团活动成了展示自己爱好与技能的广阔舞台。社团发展从活动到课程,使社团建设产生了质的飞跃。这是学校寄宿制特点优势化建设的一个重要战略决策。从理论上提出三点思考:

(1) 社团特色化建设要了解学生的需求点。社团建设是由社团活动发展而来的,是对活动的继承、发展和规范,所以活动不能只顾形式,更要注意活动的实质,即培养学生创新精神和实践能力的场所,活动的选择必须是学生有兴趣参与、有探究价值、对学生起引导作用的热点、重点问题,从而能确立研究方向。

(2) 社团特色化建设要建立学科的联系点。社团活动的最大特点是综合性,它是学生学科知识的综合运用,它的作用是学生在活动过程中,通过对已有学科知识的综合运用,产生对新知识探究的欲望,从而诞生了新的活动动机,确立活动的主题,拟订活动方案,实施活动计划。

(3) 社团特色化建设要抓住引导的关节点。社团活动要面向学生的个性发展,尊重学生的兴趣爱好,注重发挥学生的自主性,达到学以致用的目的,这是第一个关节点。教师在社团中不是牧羊人,而是领头羊,是引导者、参与者、管理者、积极的旁观者,这是第二个关节点。活动应着眼于学生的认知水平是否提高,体验是否真实,反思是否有效,体验是否深化,正确评价活动成果是第三个关节点。

近年来,位育中学涌现出丝念爱心社、空手道社、学生垃圾分类管理中心等优秀社团,学校以社团活动课程化建设为抓手,有意识地让社团活动不断深化,促进学生思维的发展,促成新目标的形成,提升了社团品位。精品案例形成系列,推动了社团课程化建设的不断深入。

四、建立"社团课程评价机制"

我校社团活动课程建设始终贯彻"双自主发展"的理念,充分发挥学生的主体性、积极性和创造性,建立起"关注过程,注重表现,兼顾案例"的新的评价体系。每年评选星级社团,并在综合素质评价系统中对学生参与社团活动的情况进行反馈。

五、"社团建设课程化"的实施效果

社团活动打破了学校单一、封闭的课程结构,使教师的教育观念获得了根本性转变,体系进一步确立,教学效果更为显著。全体社团成员在自己的组织、自己的活动中充分展示自己的才能,发现高中学习生活之美,体验美,增强审美情趣,感受高中校园生活的快乐,提高了审美的鉴赏力、生活的表现力和思维的创造力,提高了自身的人文素养和艺术修养。学校的办学水平得到了明显的提高。

(四) 促进家校社融合,为培养学生驱动力提升合力

教育学家奥苏贝尔根据学习需要将学习内驱力分为三种:认知驱动力、自我提高驱动力和附属驱动力。认知驱动力是指对知识、原理、规律等的追求和探索,这种对知识的渴望和孜孜以求的心态发端于好奇心、兴趣。自我提高驱动力是指为了提高在班级和家庭中的地位、名次而学习的动力,它以自我能力和学业成就的提高为中介,以展示自己的能力和才干,得到公众的认可为满足,往往与学生的理想、发展目标相联结。附属驱动力是指在父母家人和老师的要求下努力学习的动力,一个学生如果在学习中能得到老师的肯定家长的赞许、奖励,就获得了附属驱动力。

实践证明,父母的素质及教育水平,包括父母对教育的态度、家庭亲子关系、对孩子的期望值等因素,是学习内驱力的影响因素。作为一所寄宿制高中,学校与家长之间的联系即时性较弱,这样就会导致家长在学校的建设中出现了缺位,且家长对于学生的学习状态等不够了解的情况。因此,就需要让学生的家长参与到学校建设中,实施家校共建十分必要,这样可以形成家校合力,共同实现学生的高效培养与学生的健康发展。

学校通过家长委员会和家长学校两个主要途径积极宣传心理健康教育工作,也得到了家长的积极肯定和配合。每学期制定有关计划,认真执行。心理老师定期在家长会上做有关学生心理健康的讲话,给家长分发相关的学习材料。学校联合多方力量,在家长学校开设有关心理主题的系列讲座,主题包括"人际沟通"、"生涯规划"、"我们如何做高中生家长"等等。

同时,在心理辅导室日常工作中,对于家长的个别咨询指导已成为辅导工作的一部分,这也是帮助学生心理健康成长重要且不可或缺的部分。

学生的健康成长离不开社区。学校致力于与华泾镇社区的融合,让学生们在社区活动中有收获,有成长。位育中学所在的华泾地区创办了"爱心小屋",位育中学与华泾镇积极沟通,将"爱心小屋"打造成学生志愿服务的精品基地。学生志愿者们定期来

到华泾绿苑爱心小屋，与同龄人交流心得，沟通思想。在华泾绿苑小区召开的家长会上，有一位学生的家长深有感触地说："自从小区办起爱心小屋，在位育中学志愿者和心理老师的引导下，我那患有自闭症的孩子终于露出了笑容。"而一位学生的家长则激动地拉住志愿者的手说："谢谢居委创办爱心小屋，使我的孙子减轻了网瘾，改变了以前不做功课的坏习惯，学习进步了！"

除华泾绿苑的爱心小屋，徐汇艺术馆、华泾镇阳光之家都是团委重点扶持的志愿者服务基地。通过精品基地的建设，志愿者的服务水平得到了提升，志愿服务的质量也不断进步。获得了服务单位和社区居民的好评。

在各类活动中，位育中学团委通过活动培养了志愿者的公民意识、奉献精神和服务能力，全面提高了志愿者的素质，使同学们走进了社会、融入了社会，同时也为同学创造了接触社会、奉献社会的机会。通过志愿者活动倡导积极向上、健康活泼的校园文化，创造"我为人人，人人为我"的精神氛围，树立广大志愿者正确的世界观、人生观、价值观。

附件6

位育中学志愿服务课程化建设方案

志愿服务是指任何个人或者组织不以报酬为目的，自愿奉献自己的时间和精力为他人和社会提供帮助与服务的行为。位育中学志愿服务活动是位育中学学生课堂之外进行的课程教育，这一课程不单单是强调学生为社会服务，自愿奉献与牺牲精神，更要强调学生在此过程中将志愿服务的精神内化，将其转化为知识储备，随时服务社会，而非短期内的目的性需求活动。位育中学将逐步设立、完善专门针对高中学生志愿者服务的课程化教育体系，让学生在课程化的指导下，逐渐通过"课程化内容"来习得志愿服务知识，并树立正确的志愿服务观念。

（一）课程设计方案

1. 教学目的。一方面为突破传统的讲解学习模式，为更好地搭建学生素质教育平台，将志愿服务活动过程中所获的志愿服务知识内化为学生必备的素养，促使志愿服务活动能更有计划、有条理、有标准地进行组织、管理和考核，形成一套比较完整的志愿服务活动课程体系；另一方面让学生通过理论学习掌握志愿服务活动的本质和精髓，通过实践活动认识了解志愿服务的根本目的与意义，增加自身的奉献意识、服务意识，提升自身综合素质。

2. 教学要求。围绕该课程教学目的，与学生志愿服务基地联手，针对学生开设以理论学习、社会实践、实践收获感受及环境教育等方式相结合的开放式志愿服务活动课程。结合高考综合素质评价系统的要求，在整个过程中注重学生自身对志愿服务参与过程中的感悟体会，让学生学会分享经历与反思活动过程。

3. 教学方法。改变传统的教师课堂上讲解志愿者理论或志愿服务精神的方式，与志愿服务基地联手，请社区志愿服务机构中的志愿服务资深人士以及专业志愿服务人士讲解志愿服务的基本技能，请学生共同参与志愿服务项目的开发，改变传统的重活动轻学习活动模式。

（二）课程内容安排

1. 理论教育课程。针对中学生志愿服务活动的特点，设计的理论课程主要有"志愿服务的含义与要求"、"如何做一名合格的志愿服务活动者"、"如何有效地沟通与交流"、"志愿服务活动过程中如何保护自我"、"如何有针对性地服务好每一次志愿服务对象"五方面的内容。理论知识前三个模块作为课程的前三次课讲解，让学生在最开始上课就了解和认识志愿服务的含义与要求，后面两个模块内容穿插在实践模块教育中。可对不同对象进行志愿服务活动前开展有针对性的志愿服务知识讲解，让学生更能学以致用。理论知识讲解者都要求有相关专业知识背景及较资深的志愿服务经历，结合自身的实际与相关影像资料以生动活泼的方式进行讲解，要求与学生进行互动，从课堂教学中了解到学生的观点、问题与要求，并及时作出修正。

2. 实践教育课程。积极利用各种资源，为学生搭建志愿服务实践平台，让学生在全方位多角度地了解与认识志愿服务活动时能充分参与到社会发展与建设过程中。与志愿服务基地携手，由基地根据实际情况和要求，开发实践教育课程。

（三）课程评价方式

1. 依托综合素质评价系统的时间记录

学生每次完成志愿服务，将由服务基地在上海市学生社会实践信息记录电子平台进行时间记录，按上海高考改革的新要求，学生必须在高中阶段完成60学时的志愿服务。

2. 联合服务基地进行评优活动

学校将联合志愿服务基地，参考学生的志愿服务培训完成情况、志愿服务表现、参与课程开发的积极程度与效果等方面对学生进行综合评价。评选出校、区优秀志愿者。

3. 学生自评

学生根据自己参与志愿服务课程和志愿服务实践的情况，对自己做出评价。

4. 积极鼓励学生在志愿服务中挖掘课题，并进行深入研究。

图10

图11

四、实施效果

多年来，位育中学通过不断地修订"学科教学校本指南"和进行以"课型"研究为载体的课堂教学研究等方式，不断推进国家基础课程校本化建设，提高了基础课程的针对性和适切性；在拓展课建设中，我们以"拓展课程规划书"为工具，在提高拓展课规范化水平的同时,增强了拓展课的丰富性和可选择性;研究课程的流程和环节得到了加强,从内容上、机制上加强了面向学有余力、学有专长的优秀学生的研究课程的实施水平。

在不断优化三类课程的基础上,位育中学推进了学校课程体系的建设。经过多年的不懈努力,三类课程之间初步形成了有机联系,形成了相互支持、相互提升的态势。

我们还努力赋予课程建设以教师队伍建设的路径功能。广大教师在课程建设和课程实施中,不断地提升着传道受业解惑的专业素养。

依托课程建设,学校的心理教育工作扎实推进,智育与心育融合,使心理教育的开展"润物细无声"。经过多年心理健康教育工作的开展,学校已形成了全员心理健康教育工作者的良好氛围。学校从校长室、行政中层、年级组长到班主任、任课教师,都会主动结合工作性质和学科特点,将对学生心理健康教育的内容,主动融合到相应的日常工作中。全员心理健康教育的校园格局,为学校心理健康教育工作的有效铺陈和危机干预的有效介入提供了良好的工作环境。

学校心理健康教育工作以三级网络的模式,以点带面、点面结合、层层深化、面面俱到,编织了一张温馨而高效的促进学生心理健康,构建美丽校园和谐氛围之网。

三级网络组织结构为：

	主 要 人 员	主 要 工 作
一级网络	心理领导小组	课程建设和心理咨询室工作开展等等。
二级网络	全体教师	心理和学科、班主任工作的整合以及心理知识培训等等。
三级网络	全体学生	心理社团的建设和班级心理委员工作开展。

智心融合,促进学生的发展。在2018年上海中小学新科技新技术创新课程中,位育中学有8位学生获得优秀。在第四届iCAN国际青少年创新创意大赛中获得一等奖。2018年上海市应用数学竞赛中3人获得一等奖,3人获得二等奖,12人获得三等奖,一个小组获得一等奖,2个小组获得二等奖。上海市科创大赛创新成果评奖中,4人获得一等奖,2人获得二等奖,4人获得三等奖。上海市明日科技之星1人。2019

年上海市青少年物理实验竞赛中,一等奖3人,二等奖2人。2019年上海市应用数学竞赛团体第一名。上海市青少年科技创新市长奖提名奖1人。

位育中学借助学校课程建设、家校融合等途径方法,能够有效地实现智育与心理教育的有机融合。在智育教育中,满足学生在求知、情感、归属及价值观等方面的基本需求,使师生在轻松愉悦的环境下共同成长以及享受教育幸福,最终培养有驱动力的学生。

第四章

体心融合，培养有抗逆力的学生[*]

---

[*] 作者：上海市徐汇位育体校　杜娟　钱燕

一、学校特点

上海市徐汇位育体校是一所成立于2004年的十二年一贯制学校。十多年来,学校(承担文化教学职能)与徐汇区青少年体育运动学校(承担训练职能)共同探索"两块牌子、一套班子"的"体教结合"紧密型管理的办学模式,切实推进体教结合工作的创新转型发展,有效形成了体育后备人才业余训练和文化教学"两促进、两提高"的双赢局面,现已形成涵盖小学至高中的竞技体育后备人才培养体系,有体操、田径、羽毛球、赛艇、皮艇、划艇、击剑、射击、蹦床、艺术体操、足球、冰壶12个国家高水平体育后备人才基地项目,棒球体教结合项目以及OP帆船联合培养项目。

作为三集中模式(集中学习、集中训练、集中住宿)体校,学校以"怀才育德,强体树人"为工作目标,始终认为建立一所具有鲜明体育特色的文化学校比建立一所单纯的运动学校更符合国家发展需要;培养既有较高体育运动技能,又有良好文化素质的全面发展的竞技体育后备人才比单纯培养一批专业运动员更符合时代需求。学校将"关注每一名学生的终身发展"作为工作的出发点与落脚点,结合体教结合的特色,不断探索适合体校学生的教育教学之路。在多年办学实践过程中,学校逐步认识到:心理健康教育是学校教育的有机组成部分,关系到运动员学生整体素质的提高。

学校秉承"护航金牌梦想,在体验中塑造运动员学生健康人格"的心育理念,不断完善心理健康教育三级工作网络,锻造专业师资队伍,构建"活动——感悟——分享——转化"的心育活动模式,多方位、多角度、多层次开展心理健康教育。心理健康教育已在学校生根发

图1

图 2

图 3

展,并不断展现出它的勃勃生机。

二、体育心育融合目标

(一) 学校体育目标

学校致力于培养具有较高体育运动技能的学生运动员,并使他们能充分理解和践行体育精神,真正成为全面发展的竞技体育后备人才。

(二) 学校心育目标

学校充分发挥心理健康教育的针对性、实效性,提出促进学生"身心全面和谐发展"的教育目标,把"提高运动员学生心理素质,塑造健全人格"作为学校心理健康教育的工作重点。

(三) 学校体育心育融合目标

学校以学生的终身发展为宗旨,帮助学生在助人自助中解决成长中的问题,充分开发他们的潜能,培养有抗逆力的运动员学生,促进学生健全人格的发展。我们把心理健康教育贯穿在学校教育教学活动之中,创设良好的心理健康教育环境,支持学校德育文化建设,让学校的教师教练员都主动参与心理健康教育,主动学习并应用心理知识。进一步整合心理健康教育与学校整体教育,探索行之有效的心理健康教育机制,形成由专职心理教师领衔的心理健康教育队伍,逐步形成学校与家庭、社会的心理健康教育互动机制。

三、实施途径与方法

青少年体校的运动员学生不仅要完成文化课学习的任务,还经常要参加大大小小的体育赛事,他们面临着学业考试、训练比赛的双重压力,生活中面对逆境的频率、强度比普通学校的学生相对更多。学校基于学生运动员的特点,在立德育心工作中努力诠释开掘"体育精神"的内涵,培育学生的抗逆力,并将之作为学校心理教育的重要组成部分。

(一) 关于学生抗逆力现状的调查

1. 背景

抗逆力(resilience)也称为"心理弹性",是个体在困难挫折失败等逆境中所表现出的良好心理协调与环境适应能力。也是面对逆境,能够做出正向选择与处理的能力,是个人成长中的一种心理资源和资产,能够引领个体积极应对不利的环境,创造出正面的结果,从而产生积极的心理体验。

同时抗逆力是人成长发展中一个非常重要的能力,可以通过学习而获得并且不断增强。抗逆力被有些学者认为是"21世纪最重要的心理品质之一"。不管是面对生活中的应激事件、学业困难、合作交往,还是人生道路上将要遇到的各种困难挫折,抗逆力越高,面对这些问题时所显现出来的态度就会越冷静,处理问题就会更客观理性,拥有更好的解决问题的能力。

国家卫计委等22部委共同印发的《关于加强心理健康服务的指导意见》指出:"当前,我国正处于经济社会快速转型期,人们的生活节奏明显加快,竞争压力不断加剧,个体心理行为问题及其引发的社会问题日益凸显。"这些都给青少年带来巨大的心理冲击,给青少年社会化带来许多障碍。同时,由于社会竞争的加剧,家长或教师会不自觉地将压力转嫁到青少年身上,学习压力大、考试成绩差、人际关系紧张、失恋等生活危机,都会导致青少年压力加大。面对种种挫折,有些青少年会变得一蹶不振,如果挫折情绪不能得到有效控制,不能正确看待这些挫折和困难,就会产生失落感、挫败感、恐惧感等不良情绪体验,甚至产生强烈的厌世情绪,自我认知贬低、自我心理折磨、心理扭曲、性情偏执、自暴自弃、离家出走甚至自杀等极端的非理性行为。

《中国国民心理健康发展报告(2017—2018)》表明,48%的受访者认为"现在社会上人们的心理问题严重"。据国家卫生部门2013年的报告,自杀在中国总人口的死因里是排在第5位的,在15岁到34岁之间,它是首位的。2019年中科院心理所朱廷劭研究员指出:"心理危机对年轻人来说尤为严重,在全世界范围内,自杀是15岁到29岁死亡的排名第二的原因。在中国,每年有200万人尝试自杀,其中2/3的人年龄在15岁到34岁之间。"

逆境失败,挫折危机,可能会使个体感到心理不适,产生沮丧、失望、痛苦、心理抑郁、自我否定、悲观厌世等心理问题,但也可以激发个体的生命潜能,唤醒个体沉睡的抗逆力。抗逆力是青少年健康成长的动力,是发展自我的重要能力,是提升青少年意志品质、抗挫折能力的重要途径,对青少年的抗逆力进行有针对性地培养、提升,可以有效地帮助他们抵御逆境的压力,帮助他们自我调整、克服危机、发展自我、健全人格,对提高青少年抗挫折能力,促进青少年身心健康等具有重要意义。

2. 调研

为了了解体育运动学校学生抗逆力水平的现状,更有效地提升学生的抗逆力,我们采用《中学生抗逆力水平测验问卷》测试学生的抗逆力水平,对我校学生的抗逆力现状进行了调查研究。

问卷结构包含:人格、认知、行为和社会四个因素。问卷包含25个项目,所有项目采用6级评分,其中9个项目为反向计分。要求学生根据项目描述,按照自身的实际情况从"有点符合"、"比较符合"、"完全符合"、"有点不符合"、"比较不符合"、"完全不符合"六个选项中进行选择。计分要求,"完全不符合"至"完全符合"分别计1—6分,9个反向计分项目转换成相应正分后计入总分,总分为各项目得分之和,各因素分量表得分为各因素相应项目的得分之和。以"问卷总得分项目数"得到的均分代表被试的最终抗逆力水平。以"各因素分量表得分项目数"得到的分量表均分代表被试四个因素上的抗逆力水平。

我们抽取了徐汇位育体校初中部的全体运动员学生 65 名作为调查的对象,收回问卷 60 份,其中男女比例 3∶5。

抗逆力统计表

统 计 值	M
总 均 分	4.31
人格特征	3.83
认知评价	4.36
行为动力	4.41
社会环境	4.63

根据问卷调查得出徐汇位育体校初中部学生抗逆力水平 4.31,处于中等程度。从生理学和心理学的角度来看,中学生正处于身心发育、发展变化的关键时期。心理学家称这一时期为"青春期"、"心理断乳期"、"狂飙期"、"冲突期"等等。值得注意的是,青少年体育运动学校肩负着发现、培养我国竞技体育事业人才、输送人才的使命,对办学理念和教学目标的要求有别于其他中学。正因为如此,"以竞技体育为中心,以教育教学为根本"是其办学宗旨。在这样特殊的学校里,青少年体校的学生面临着学业考试和比赛训练双重压力。因而,体校学生既具有普通中学生的心理特点,又存在体育本身具有挑战性、竞争性形成的自身的个性特征。因此,青少年体校学生出现的逆境远远大于其他学校的学生。因此,体校学生在日常生活、学习和训练中会表现出一些不同于成年人,甚至有别于普通中学生的心理特征。通过对上海市徐汇位育体校 143 名学生进行的有关抗逆力方面的个案访谈,结果发现,97%的体校学生曾多次"遭受过逆境",同时我们也发现 81%的学生对"逆境"的理解有误,73%的学生的抗逆能力存在明显的不足。因此,了解体校学生所具备的心理特征,对学生出现的心理挫折等问题进行分析,帮助他们提高抗逆力是我们亟待解决的问题。

(1) 体校学生的心理特征

① 性格不稳定性。具体表现为：热情活泼、思维活跃，但片面、容易偏激；性格外向豪爽、精力充沛、爱冒险、易冲动、易亢奋，有极大的波动性；运动场上自在、课堂上自卑、爱讲话不守纪律；在具体问题上容易出现困惑、苦闷和焦虑，对家长、教练、老师普遍表现出逆反心理及逆反行为。

② 行为上的情绪性。处理具体问题易感情用事，讲义气、不计后果；自由散漫，不喜欢循规蹈矩；心智尚不成熟，遇到挫折会有种种消极情绪；对潮流盲目跟从，有时会出现失控的狂热和急躁；情绪易受比赛名次、训练质量好坏、考试分数等外界因素影响。

③ 意识上以自我为中心。渴望在运动场上成功、夺金牌、当冠军；开始追求自己的价值，过多地关注自己的表现，要求别人了解、理解和尊重自己，但往往集体观念淡薄；缺乏自身较为完善的道德、价值观念，缺乏较为准确的判断、甄别能力。

(2) 体校学生心理逆境的类型

据有关部门调查，把从初一到高三这个时期的青少年表现出的诸如愤怒、攻击、抑郁、漠然情绪指数与成年人和癌症患者进行对比发现，青少年攻击、愤怒、抑郁的情绪指数比成年人和癌症患者还要高，只有他们的漠然情绪指数略比成年人高，比癌症患者低。由此可见，这一时期的青少年承受着比成年人还要大的压力。不难想象，体校学生由于承受着考试、学习和比赛、训练双重压力产生的心理挫折与成年人相较只能是有过之而无不及。结合对我校学生进行的有关抗逆力方面的问卷调查和个案访谈结果的分析，我们总结出体校学生心理挫折的几个类型：

① 学习方面的挫折

如前所述，青少年体校的学生如同其他普通中学的学生，每天也要面对文化课的学习。面对繁重的学习压力和体育场上激烈残酷的竞争双重压力，大多数的学生感觉力不从心。很多学生文化课成绩不理想，体育成绩平平，常常生活在自责中。调查结果表明，98％的体校学生承受着考试、学习和比赛、训练双重压力，他们面临精力与体力同时缺失的矛盾。因此，他们经常是运动场上异常兴奋，信心满满；课堂上，多言好动，特别是临考前情绪低落。不仅如此，教练要求学生拿金牌，老师希望学生答高分，很多家长对孩子的期望值过高，对文化课成绩和体育技能训练的要求倾向于二者兼得：要求孩子文化课考第一，体育比赛拿金牌。试想，体校学生每天要拿出三、四个小时的时间在运动场上进行高强度的训练，节假日、寒暑假更是如此。然而，考试的科目不断增多，难度系数不断增大，考试的题型花样不断翻新。在这种情况下，智力、精力和体力超强的学生也未必能够做到，更何况一般的学生。因此，来自于家长、教练、老师的压力很容易使学生承受超负荷的思想负担。此外，多数的青少年体校学生没有养成良好的学习习惯，学习基础差，也知道努力，但成绩仍上不去，为此心烦意乱，很容易在心理上产生压力；还有的学生学习不努力，自由散漫，对任何学习没有兴趣，且懒惰，不愿动脑筋思考，经常受到老师的批评而产生挫折感。

② 体育方面的挫折

青少年体校的学生从小就奋斗在运动场，每天挥汗如雨，为的是在比赛中拿金牌，成为奥运冠军。然而，正值青春发育期的学生无论是身高、体重、疾病对其体育特长的发展都影响很大。例如，有的学生从小就开始练体操，比赛也得过很多奖牌，教练和父母对其也寄予了很高的期望。然而，此阶段由于身体发育过快，身高和体重严重超标，在体操方面没有培养发展前途。可以说，这对于一个挚爱体操并以自己的这一特长为骄傲的学生来说打击是致命的。类似的例子在篮球队、皮划艇队、田径队、游泳队等屡见不鲜。如果我们不及时对这些学生进行心理疏导，帮助其走出困境，就会使他们产生沮丧、自卑心理，使他们感到现实与理想之间的差距，无法面对理想不能实现的挫折，甚至产生厌世情绪。有的学生由于情绪波动较大，有时带着情绪训练。可想而知，教练刚一批评，轻者闷闷不乐，重者严重地失控、歇斯底里，长此以往就会产生恶性循环的心理问题。

③ 情感方面的挫折

青少年的情感挫折主要表现在两个方面：来自朋友之间的情感挫折和来自异性的情感挫折。正处在青春期的学生渴望与朋友交流、沟通，因为从中可以获得情感满足。但由于朋友之间的变故造成情绪、情感波动的例子也不在少数。与好朋友产生矛盾，受到同学孤立，便备感苦闷，以致旷课、逃学。伴随着青春期的来临，对异性产生了好感，渴望与异性接触。由于体校的男女学生每天在一起训练时间很长，接触的机会较多，很容易发展为早恋。此时，体校学生正处于青春期，世界观、审美观尚未成熟，在与异性交往中,容易出现矛盾,加之自身认识片面,情绪波动大,易感情用事,争强好胜等特点,一旦出现矛盾很容易陷入苦恼或悲观的情绪状态,以致严重影响学习和训练,因此这也是我们予以关注的方面。

(3) 体校学生心理遭遇逆境后的消极表现

由于体校学生年龄小,生活阅历浅,心理承受力差,加之独特的心理特征,他们面对逆境时很容易产生消极的情绪。体校学生受逆后的消极表现概括为以下三个方面:

① 焦虑

焦虑是遭遇挫折的最常见的一种心理反应,主要表现为紧张、不安、恐惧等。过度的焦虑会导致心理疾病。问卷调查表明,89%的体校学生焦虑的主要原因来自家长、教练、老师等对学生的期望值过高。有的学生在大型体育比赛和文化课考试前表现出异常的焦虑,甚至比赛或考试结束后不敢正视成绩,有意回避家长、教练和老师。还有的学生由于在平日的体育训练中受伤,或文化课考试出现小小的失误,不能及时排解,加剧了挫折感。久而久之,注意力无法集中,既影响学习,也影响训练比赛。

② 发泄

体校学生受挫时,如果不能及时调整状态,往往表现为情绪失控,产生敌视周围的人或过激的举动,有的学生甚至为了发泄愤怒,毁坏公物,攻击他人以求得心理平衡。例如,有的学生在课堂上因受到批评而顶撞老师,不完成作业、旷课;有的学生运动场上顶撞教练,拒绝参加训练;有的学生与同伴发生矛盾时出言不逊,甚至拳脚相加;还有的同学自我攻击,惩罚自己、绝食、不睡觉、自残身体等等。这种发泄愤怒的消极表现不仅不能消除原有的挫折感,甚至会危及社会或他人安全,应加以控制或引导。

③ 冷漠

对挫折情境无动于衷,漠然处之。这种受逆后所表现出的冷漠是较之发泄愤怒更为复杂的反应,对青少年身心的伤害更大。事实上,冷漠也是一种发泄愤怒的表现,只是将愤怒压制,表现出的形式不同罢了,出现该种反应通常是长期遭受挫折而无法排解,无处寻求帮助造成的。

(二) 多途径提升抗逆力

为了切实培养提升运动员学生的抗逆能力,学校结合心理课程、德育活动、同伴教育等多种途径,从聚焦自我、增强自信力、提升归属感这三方面来促进学生抗逆力的提升。

1. 聚焦自我

青少年学生在还未构建起自己完整的信念和价值体系时,他们会生活在一种不确定的感觉中,不知道自己是什么样的人,也不知道自己要成为什么样的人,充满彷徨与不安。因此,在认识别人之前,先认识自己;在认识世界之前,先认识自己;在成为一名优秀运动员之前,先认识自己。这样才能了解自己的个性、学习方式、信念习惯、兴趣爱好等,才能从当下出发,切实地提高抗逆力,真正拥有优秀运动员身上的各项心理品质,更好地把握自己的人生,遇见更好的自己。

(1) 心理辅导课

心理辅导课是学校心理健康教育的有机组成部分,它有利于心理健康教育"面向全体学生"原则的贯彻和实施。针对我校学生特点,我们在心理课上增加了提高学生抗逆力的相关课程,提高青少年学生的自我认知、人际交往、压力管理、情绪管理能力,让学生掌握应对困难、失败的基本方法。学生参与课堂,在活动参与中形成自己的亲身体验,培养健康的人格和抗逆力。

学　　段	课　程　设　置
小学低年段	上课这回事
	要玩耍,更要学习
	"分数"和我
小学高年段	寻找"心钥匙"
	自己的那点事
	和"?"交朋友
	换个角度思考
	驱散心中的乌云
	成功的召唤

(续表)

学　段	课　程　设　置
初中学段	愤怒的暴风雨
	乌云翻滚的日子
	破解我的密码
	我的升级版
	不断"刷新"的我
高中学段	情绪与"IE高手"
	境由心生
	解读压力
	向左走　向右走
	责任与担当
	"快乐冒险岛"
	生命的诉求
	失去与获得

(2) 青春期心理教育

针对青春期容易出现的普遍性问题，近年来，学校面向七、八年级的学生，开展青春期心理教育，旨在让学生认识自己，促进感知力的觉察与提升。课程主要引导学生充分了解和认识自我，审时度势，制定恰如其分的目标，用目标引导和激励个人未来职业行动；挖掘个人潜能，力争现在比过去更好，从而使人生过得充实和富有意义。同时让学生明了自己情绪的来源与日常处理情绪的小技巧，提高沟通力和表达力，了解到言语表达背后的情绪，解读情绪，才能很好地共情，才能跳出情绪的掌控，理解情绪对人们的作用力。理解自己的青春期时期的具体言行的原因，梳理总结情绪运作规律，并且可以觉察到自己的情绪，使之舒缓下来，减少很多情绪冲动事件的发生。通过萨提亚冰山理论的解读，沟通模式的逐一演示，让学生们体会自己沟通模式的问题，理解自己及身边的人日常沟通模式形成的原因。

(3) 面向住宿生群体的团体辅导

体校学生除了面对学业压力外，还有部分学生因为住宿离开父母，与家人相处

第四章 体心融合，培养有抗逆力的学生

的时间较少，学校关注到这些住宿学生的心理状况，邀请国家二级心理咨询师来我校开展团体辅导，帮助学生更好地了解自己、调节情绪、笑对困难、塑造健康全面的人格。

以"遇见自己"团体心理辅导活动为例，老师以"你觉得你像哪个小动物？"的问题为切入点，让学生跟着她的语言进行思考，随即又利用"捕捉小动物"的破冰游戏建立起彼此之间的信任。老师通过在活动中对学生行为的细心观察，用婉转的语言鼓励害羞的学生大胆地在同学面前展现自己的想法和兴趣，从而激发自身潜能。然后，老师用讲故事的方式将意识和潜意识比喻为将军和副将的关系，让同学们在安静的聆听中了解自己是一个拥有多种特质的人格，而不能仅仅依靠父母老师的言语给自己定性，而忽略自己的发展性。最后老师让学生们抽取 OH 孩童卡牌，使用人物投射原理对学生内心困惑一一分析解答，帮助学生获得心灵的成长。

图 4

图 5

图 6

（4）"从小擎团旗，长大披国旗"系列活动

学校着重对学生运动员体育精神、健全人格的培养和教育，通过"从小擎团旗，长

大披国旗"系列主体性德育活动,整合体育人才资源,组织学生与奥运冠军、体育名人、优秀校友等面对面,利用出征仪式、签名仪式、表彰仪式、开学典礼、校庆典礼等仪式教育为载体,开展形式多样的主题教育活动,帮助学生加深对体育精神的认识,从小树立远大志向,培育勤奋刻苦、不断超越的精神;同时以良好行为习惯的养成来促进学生的文明素质与道德修养。榜样的力量是无穷的,作为学生运动员,如果有机会与顶尖运动员进行交流,亲耳听一听他们讲述自己的成长历程,可能将对学生的后续发展产生巨大的鼓舞,于是体育名人进校园、优秀校友回校访谈会、仪式教育等连续多年成为学校的特色活动,已然成为了学校培养学生抗逆力的重要组成部分。

① 体育名人进校园讲座

我校特邀陶璐娜、诸韵颖等多位体育名人来校做讲座。

奥运会冠军陶璐娜女士用自己奥运金牌背后的故事与大家分享了她人生中最大的收获。她鼓励同学们要有坚韧不拔的奋斗精神,要有战胜自我的超越精神,要有感动自己的敬业精神,要有勇争第一的拼搏精神。陶璐娜的精彩演讲博得了在场师生们的阵阵掌声,尤其是她当年奥运夺冠的视频引发了学生们充满崇敬的欢呼,学生们更感受到,奥运冠军的运动生涯也不是一帆风顺的,每一块奖牌不仅衡量着运动员的技能战术水平,更考验着他们的内心力量是否足够强大。

前国家女排二传手诸韵颖女士在讲座中回顾了自己成长的经历,学生们了解到女排运动员在巨大的压力下是如何依靠女排精神赢得胜利的。她激励所有同学:学生运动员要有梦想,有信念,要敢想、敢做、敢为。

② 优秀校友回校访谈会

学校邀请了优秀校友——世界蹦床冠军高磊、现代五项亚洲冠军罗帅等回母校与同学们面对面交流。

高磊见面会伊始,首先播放了高磊的成长经历,大家看到了他一步一步迈向世界之巅所经历的艰辛与不易,高磊直言,世锦赛上他抽筋了,但当时想着顶下来就好,所以心态比较轻松,反而容易出成绩。

罗帅在见面会上坦诚地告诉同学们一直到高中前,他的身高在班级里都是倒数的,但在班主任眼中,他一直是个特别乐观、不服输的孩子。"其实我小时候个子特别矮,爸妈一直担心我在学校被人欺负,因为有些比较调皮的同学会取笑我叫我'小矮子',但我从来不和他们计较,而是选择用行动来证明自己。""我接触现代五项的时间不算久,在刚进队的时候,除了跑步外,其他的项目并不突出。"在罗帅看来,自己的现代五项之路也并非一帆风顺,去年亚运会备战时还一度遭遇了骨折的伤病。经历了伤筋动骨一百天的康复后,罗帅勉强赶上了亚运会比赛的末班车,最终依靠稳健的发挥为中国代表团摘得一枚宝贵的铜牌。"期间一边康复一边备战,可以说是我克服的最大一次困难,但体育精神教会我们的,不就是在这种时刻仍然坚持信念吗?"罗帅的这番真实亲切的现身说法也极大地鼓舞着台下的学生运动员们。

③ 奥运健儿见面会

2016年里约奥运会结束后,我校师生有幸参加了徐汇奥运健儿凯旋大会。里约奥运会女子双人3米跳板金牌得主吴敏霞、花样游泳银牌得主汤梦妮、蹦床铜牌得主高磊以及女篮得分王邵婷出席。这些奥运健儿从小在徐汇区接受了基础教育和早期体育训练,他们从徐汇起步,在里约奥运会上为国家赢得了荣誉,为上海增添了光彩,也为徐汇体教结合工作谱写了新的篇章。在"与奥运明星面对面"环节,师生们聆听了主持人海波与四位奥运选手的对话。吴敏霞道出了自己小时候接受训练,后被选入国家队的心路历程;高磊明确了自己下一个奥运目标;汤梦妮和邵婷都结合了自己现在的生活谈了她们的奥运感受。这些精彩的故事打动了同学们,他们不仅亲眼目睹了徐汇奥运健儿的风采,更是直观地感受到他们成功路上的艰辛。这些奥运健儿犹如一枚枚火炬,不仅照亮了我校同样身为运动员的同学们的前进道路,更是点燃了他们的激情与梦想。

我校同学们还参加了上海市体育局举办的"人生赛道"演讲活动。奥运健儿徐莉佳、黄雪辰、钟天使、曹忠荣用自己的人生经历给学生们上了生动形象的一课。奥运帆船冠军——上海姑娘徐莉佳的演讲最吸引我校学生,因为有不少同学所从事的是和徐莉佳一样的水上项目,甚至有在二线队训练过的同学,曾与徐莉佳共同训练生活过。同学们认真地观看徐莉佳的演讲,听她讲述自己如何经历艰苦的训练,承受病痛的折磨,在逆境中保持乐观坚持梦想,最后终于成为奥运冠军,实现了帆船项目的大满贯。同学们听得十分投入,徐莉佳的现身说法让学生们感受到顶尖

图7

运动员也不是天生的,是通过自己努力和辛苦地付出才争取来的,只有奋斗才有希望成功。每一个人的成长都不是一帆风顺的,平坦的大道未必是上天馈赠的礼物,就如同徐莉佳所讲的"风浪不是将人打垮,就是助人成长",无论是运动赛场还是人生赛道,只有迎风进击才能更加茁壮成长。

图8

图9

④ 仪式教育

学校结合学生运动员参加大型体育赛事的契机,组织出征仪式、签名仪式、表彰仪式,结合学校的开学典礼、校庆典礼等,通过仪式教育帮助学生加深对体育精神的认识。

下面是汪昊天同学在2018年市运会学校出征仪式上的发言:

"前年夏天,五年级的我还懵懵懂懂的,并不知道在上海市的青浦区有一个叫水上运动中心的地方。跟着教练去到那里之后,我们几个新手就开始坐在船上练平衡。尽管我们用的船是老队员们用下来的小破艇,有的甚至连舵都坏了,但是我并不在意,总感觉每一次坐在船上面都像在坐那种游乐园的小火车一样,无忧无虑的,那时并没有感到苦和累。尤其是一段时间以后,在教练的指导下,我终于能稳住船了,开始能慢慢地划起来的时候,心里很有成就感。后来我的平衡技术越来越熟练,我就开始沿着航道边上开始划了,当时我真得特别激动,心想:练了一个暑假了,我终于能划出去了!

去年夏训开始时,我明显感到了压力。刚到水上运动场,还没有熟悉平衡技术的我们就开始计时了。先从练4公里开始,刚开始划我要用时28分钟,渐渐熟练之后,4公里的成绩开始快速增长,最快能划到24分钟。接下来就是练8公里。

回忆那个过程,成绩的进步让我快乐,但我的身体却也经受着巨大的考验。平时你们看到水上项目的运动员被太阳晒得皮肤黝黑,觉得暑假里毒辣的太阳当头是我们经受的痛苦,其实这真的只是小case。我们划船项目的运动员常常会因为坐得太久,屁股会非常疼,医生说这叫'坐骨神经发炎'。虽然休息休息能恢复过来,但一旦久坐就又开始疼了。这种疼是你们永远也无法想象得到的,那种疼痛会让你情愿翻进湖里也不想坐在坐板上!

然而,就在日复一日的训练中,我发现自己已经习惯了这种剧烈的疼痛感。到了后来,我竟然划了12公里!虽然那次我是哭着划完的,因为实在是太疼了。但我曾以为我完全无法承受的这种疼痛,最终我确实征服了它,突破了自己的一个极限。因此,我认为夏训不仅提高了我的技术,更加锻炼了我的意志。

今年暑假,我们的夏训又开始了!为了备战今年的第十六届市运会,两个月来我们没有回家,一直在青浦全身心地投入训练,教练也对我们提出了更高的要求,对于训练成绩也是精益求精,连一秒都不放过。我感到更大压力的同时,也树立了明确的目标——闵行区的一位运动员和我是竞争对手,上次十项系列赛的比赛当中我没有赢过他,这次我一定要好好训练,超越对手。夏训两个月,我的训练成绩有了很大的提高:4公里从去年的24分到今年的20分40秒,1 000米从去年的5分多到今年的4分24秒。屈指数来,为了今年的市运会我已经准备了两年半了,我期待着战胜对手,战胜自我!今年的市运会我一定要勇夺冠军,为我们徐汇区争光!

夏训期间,学校领导们和体育局领导们的关心也让我们很感动,他们给我们带来了慰问品,并鼓励我们好好训练。在这里,我也想为我们学校全体运动员们加油打气,相信你们一定能够在这次市运会上取得好成绩,为我们徐汇区争光添彩!习近平总书记说过:'人的一生只有一次青春,现在青春是用来奋斗的,将来青春是用来回忆的。'就让我们用我们的方式,用奋斗的汗水,为徐汇添彩、为学校争光、为自己打 call、为青春留念!"

魏熙雯同学则站在校庆典礼上,大声朗读她的获奖征文:

"这是一个神奇而又神圣的地方,这里凝聚了无数运动员的血与泪,这里承载了无数心怀梦想的人,这里更是我们成长的圣地! 这就是我的学校。

虽然我在以前的学校组织的校运会跑步比赛上,每次都会毫无悬念地拿第一名,但是那时的我并不了解运动,也不热爱运动,甚至对它充满了厌恶,总觉得在枯燥压抑的学习生活中,还要偶尔去操场上跑一圈又一圈,满身臭汗的滋味真是令人讨厌。

直到一年前我进了体校。有人曾劝我说:'这地方不仅会使学习成绩下降,而且大量的训练毫无意义,去了干嘛?!'一年前我也曾这样担心、疑惑,但我更愿意尝试。

在这整整一年的时间里,我体会到了训练的辛苦。第二天起来总是腰酸背疼,如果是在以前,我肯定早就放弃了,可是我却坚持下来了,而且竟然渐渐地喜欢上这种每天大汗淋漓的感觉。能够练就腹肌的素质训练,需要在大冬天换上短袖短裤的速度练习,必须具备勇气和技术的跨栏训练,还有要忍受身上满是灰的力量训练,这些竟都让我感受到了快乐。

大量高强度训练不仅没有磨灭我的自信心,反而激起了我的斗志,改变了我的性格。以前的我性格内向,上课时不敢举手发言,课下也不愿意与老师沟通,总是低着头,手插进衣服口袋里,表情毫无波澜,整天闷闷不乐。同学几乎都没有见过我笑。我总是觉得自己在学习中没有优势,在生活中平凡得一无是处,于是沉默寡言成为了我的标配。

我来到体校之后,有了老师、同学和教练、队友的开导与帮助,我的性格渐渐变得豪爽、开朗、阳光。于是学习习惯也变得更加端正,上课总是积极发言,作业也更能展现自己的光彩。这里的老师和蔼可亲,上课时严肃而又不失风趣,常常能够让我畅所欲言。就这样,我的学习成绩提升了许多。我感到无比快乐。

每天能够闻着令人兴奋的塑胶跑道的味道,可以穿上好像能让人直冲云霄的钉鞋,能够触摸栏架上与很多人的膝盖碰撞出来的烙印,这是非常幸福的事情。在这儿待久了,离不开这儿了,便萌生出了一种从内心深处发出的声音:我,是一名运动员;我,要付出百分之百的热情,争取为学校、徐汇区甚至国家争光!

在这里,我能把所有不愉快抛在脑后。只要在操场上跑上两圈,或是在看台上大喊一声,就能心神愉悦了。

我爱这个学校,爱她的一草一木,她让我热爱运动,让我身心健康,她为我的生活增添了几缕温暖的阳光。我期待在这个地方付出努力,最终能收获累累果实。"

同学们在上述的种种活动中渐渐了解了竞技体育中的顶尖运动员如何面对艰苦的训练以及几乎是必然来临的伤病,怎么缓解大赛的巨大压力,即使在逆境中也保持乐观坚持梦想,同学们也在每天的学习、训练,林林总总的考试、比赛这样的真实情境中体验成功或失败,学会如何更好地调适,提高抗逆力。

2. 提升自信力

竞技体育的魅力之一在于绝处逢生,运动员的自信不是在你比赛成功之后才相信自己能够胜利,而是在比赛之前就相信自己一定能够胜利的一种信念。青少年体校学生如果拥有更强的自信心和抗逆力,那么面对原本不能轻易解决的问题也会敢于挑战,能在未来紧张、激烈的比赛中保持冷静,保证技能水平正常,甚至超常发挥,取得优异的运动成绩,拥抱奖牌梦想。

为此,学校搭建了各种平台普及心理健康教育,提升学生自信心,为培养有抗逆力的学生提供更多可能。

如:2013年度学校组织开展了"自信少年·拥抱金牌梦想"心理健康教育活动月,旨在提高学生的自信,培养学生抗逆力,促进学生身心全面和谐发展。心理健康教育活动月通过组织开展各类活动的方式引导学生在活动中感悟,在感悟中自省,在自省中成长。活动中,学生们从起初的关注、认识、重塑到后来的展现自信,他们不仅学习了心理健康知识,提升了对心理健康的重视程度,也提高了自信心,坚定了理想信念,放飞了梦想,同时也在校园中营造了积极向上的心理健康教育氛围,使得整个校园充斥着正能量。我们真切地体会到组织引导学生在心理活动月中接受心理健康教育,提高心理素养,学生更易于接受,更加有实效。虽然活动是有时间节点的,但这种自信、抗逆力的培养却会一直延续,很多同学在完成近期目标的基础上,还在向着自己的长远目标冲刺。相信只要持之以恒,他们最终一定会满怀信心地拥抱自己的金牌梦想,走向赛场、走向世界。当年,我校获"徐汇区心理健康教育月/周方案评选"区一等奖。

2019年度,学校根据《2019年徐汇区关于深入开展"扣好人生第一粒扣子"主题教育实践活动的通知》精神,加强和推进育德与育心相结合的学校心理健康教育工作,组织了心理健康教育活动周(内容见下表),不断探索以学生为主体的心理健康普及、宣传和教育的新形式、新方法,开展形式多样的心理健康辅导和心理素质训练活动,塑造未成年人坚韧不拔的意志品质。

时间	活动内容	参与对象	形式	负责人	地点
5月13日	活动周启动仪式,宣传心理健康知识	全体学生	广播	杜娟	教室
5月13日	板报展评	全体学生	各班征集	刘志清	教室
5月15日	八年级"我爱我自己"团辅活动	八年级学生	团辅	贺菲菲	图书馆
5月13日—5月17日	征集以"心'晴'故事"为主题的心理小故事,遴选优秀作品参加区级评审	全体学生	各班征集	杜娟	教室
5月30日	观看电影《一个人的奥运》	全体学生	集会	卓政民	英语角

活动中,我校选出了七年级学生沈心月、王敦霖两位同学的征文参加徐汇区心"晴"故事评选,分别荣获了二等奖、三等奖。下面是两篇获奖征文:

我的人生不留遗憾

沈心月

人生在世会有突然难过的时候,也会有突然开心的时候。心情就像暴风雨,突然灰蒙蒙的,又突然放晴了。无论怎样,这都是我们自己的人生,独一无二的人生!

去年十月份,四年一度的上海市市运会比赛开始了。作为一名赛艇运动员,为了这次市运会,我已经准备了四年。我的内心激动不已,还带着一点点忧伤。光是我们徐汇队中,就有6个队员参赛,其中4个队员都很厉害,平时训练时都比我划得快。

市运会赛艇比赛的规则是:每组预赛前三名可以进决赛。由于我们C组人太多,分成了两组,由裁判抽签决定运动员在哪一组参加比赛。第一场比赛,我被抽到了第一组。天哪！第一组中几乎所有的人都比我厉害，我有点绝望了，但是运动员的拼搏精神不允许我放弃，我还是想拼一拼。最终，在第一组的比赛中，我得了第四名，差一点就可以进决赛了。退场后我发现，第二组的第二名比我的成绩慢了20秒，第三名比我慢了30秒，她们竟然可以进决赛，而我却进不了。我突然觉得这个比赛一点都不公平！

第二场比赛，我又被分到了都比我厉害的那一组，我彻底绝望了。那天，风很大。我下水之后，感觉凉飕飕的，在1 000米处等待比赛时，因为太冷了，导致浑身僵硬了，之前所做的准备活动全都白做了。比赛开始了，僵硬的我慢慢恢复起来，可前面还是跟其他队员差了很长的一段距离，我咬着牙，使劲用力划，眼看着她的赛艇慢慢跟上去了。最后，我和第三名只差0.37秒！我失败了！

那天下午，同队的李同学问我："1 000米后面划得很好，为什么前面没有划起来？"我说："我冷！"其实我是被强劲的对手吓住了。李同学带着我看完了C组的决赛，指着第一名对我说："你以后也会这样的！"我的心停了一秒，刹那间，我发现我的内心有了一股无穷的力量。我决定要相信自己，我可以！

努力了就算没有成功，至少不会有遗憾。但如果你连努力的决心都没有，就更不要谈成功了！

一 如 既 往

王敦霖

在每个人的人生道路上，总会遇到一些坎坷。有好的，有坏的，有激动的，也有伤感的，当我们遇到这些坎坷时，不应该被情绪左右，而是应该沉静下来，克服或化解难题。

在我的学习生涯中，就遇到过这样一件事。这件事一直深深地烙印在我的心底，给予我很多启示。

记得那天，艳阳高照，我满怀紧张和激动的心情来到学校，一路哼着小曲，望着路上的好风景。来到学校后，我马上掏出昨天的回家作业，仔细地交到各科课代表手中。然后立马掏出我那本心爱的杂志，津津有味地阅读起来。"叮铃铃"一声清脆而刺耳的上课铃"吵醒"了正在书海中"遨游"的我。沮丧而无奈的我只好勉强把杂志放入桌肚，拿出上课所需的书本。没过多久，老师就走进了班级，宣布这节课为书籍交换阅读课。

同学们都欢欣雀跃,而我却不情愿地把我心爱的杂志与我的同桌小徐进行了交换,因为我实在是太喜欢这本杂志了。但事已至此,我也不得不这么做。

"叮铃铃"下课铃响了。小徐对我说:"我把你的杂志放桌上了!""哦,知道了!"我漫不经心地回答。

放学了,同学们飞奔到体育馆去进行体育活动了。而我却在急切地寻找我的杂志,我的桌子上没有发现杂志。于是,我凶巴巴地对小徐说:"我的杂志呢?""不是放在你桌子上了?"小徐回答,"你找不到,我有什么办法?""你,你……"我气得上气不接下气地说。愤怒之下,我对小徐大打出手。小徐并没有还手,他哭着跑出了教室。当他走后,我的情绪迅速冷却下来。

回家后,我无意间在书包里找到了那本杂志,突然恍然大悟,我错怪了小徐。第二天,我在学校向小徐道歉。他却毫不在意地说:"没事的,找到就好。"我感到很羞愧,但小徐并没有为了这件事不理我,我们的友谊还是一如既往。我们还是在一起笑,一起学习。

在以后的日子中,每每遇到我比较激动的时候,我就会想起这件事,它总能给我指明方向。

图10

图11

图12

3. 同伴教育提升归属感

青少年体校承载着挑选、培养优秀运动员苗子，培育竞技体育后备人才的重任，有责任有义务为国家培养高水平体育运动人才，更加有责任有义务为国家培养具有高心理素质、高抗逆力的体育运动人才。运动员学生的抗逆力有待提升，要求迫切。

人的抗逆力不是与生俱来的，是后天形成和培养的，是一项复杂系统的教育工程。心理学家艾里斯（A.Amsel）提出的 ABC 理论对我们培养和提高青少年心理抗逆力颇值得借鉴，特别是对于面临多方面、多因素压力和负担产生心理逆境的青少年体校这个特殊的学生群体。青少年通常更愿意听取年龄相仿、知识水平、教育背景、生活方式、兴趣爱好相近的同伴、朋友的建议，特别是在青春期阶段。同伴教育是一种有效的学生"自助"成长模式，也是培养、提升学生抗逆力的很好的载体。

我们招募了田径队的 14 名学生参与了研究，将他们分为 2 组，每组 7 人。一组作为对照组，一组作为实验组。对照组内，学生训练时不加任何干预，正常训练。实验组内，选了 2 名在组内有一定号召力、影响力的学生吸纳进学校心理社团进行有目的的培训。

提供支持 活动	普及心理学知识	咨询性质的谈心服务	学习如何解决问题	团体辅导
1	心朋友，好朋友	心心知我心 1、2	跳过逆境 one、two、three 1	我有抗逆力
2	抗逆力知多少（一）	心心知我心 3、4	跳过逆境 one、two、three 2	直面挫折，健康成长
3	抗逆力知多少（二）	心心知我心 5、6	跳过逆境 one、two、three 3	阳光总在风雨后
4	抗逆力知多少（三）	心心知我心 7、8		我的弹簧力

通过"普及心理学知识"类的培训活动，引导同伴辅导员走进心理学，了解心理学常识，获取更多抗逆力的知识，对抗逆力有更高的认同度。帮助学生树立合理的认知，最大限度地避免不合理的认知信念给他们造成的影响。艾里斯（A. Amsel）的 ABC 理论强调"事件是否引起人的情绪的恶化，不在于事件本身，而在于人对事件的不合理的认识"。正因为如此，面对逆境时，首先要调整认知，改变我们的心态。调查数据显示：

体校学生在训练、学习和生活中陷入困境时，82％会抱怨，74％抱怨的同时感到沮丧。可见，帮助学生正确、合理地认识挫折是非常重要的。鉴于此，教师、教练、同伴辅导员首先要帮助学生树立挫折无处不在的认知，运用教科书以及体育界的一些勇于面对挫折、战胜挫折的人物、事迹帮助学生认识人的一生遭遇挫折是在所难免的；不能因为挫折就偏激地否定周围的世界、周围的人，也不能因为自身存在缺点就把自己看得一无是处，从此一蹶不振；对自己的能力以及周围环境等应有一个正确的认知。其次，有意识地向学生推荐国内外逆境中成才的实例，分析其成功的经验以及身处逆境所表现出的良好心态，教会学生以一种积极的心态去面对挫折，在挫折中成长；引导学生认识挫折所包含的积极的人生意义，要敢于承认和接受，深入分析挫折产生的原因，不断地总结经验教训，积极寻找解决问题的途径。

通过咨询性质的谈心，探讨生活中遇到的心理困惑、心理问题，心理矛盾，帮助同伴辅导员解决实际生活中的各类逆境，提升抗逆能力。我们知道，消极情绪往往使人紧张，造成挫折感。"人们承受心理压力是有一定'安全阀'限度的，超过一定'安全阀'限度而得不到合理宣泄往往会导致身心疾病的产生。"根据体校学生受挫后所表现出的各种消极情绪，我们认为有必要对学生的消极情绪进行及时疏导。倘若消极情绪得不到及时的化解，受逆后的学生始终处于诸如愤怒、沮丧、不安等情绪中，随着消极情绪不断地积累势必会表现出攻击他人、自残身体等不良反应。因此，我们应教给学生一些理智的适度宣泄的方法：比如哭，就是一种适度宣泄的方法。医学研究表明，人通过流泪，可以将一些有害物质排泄出去。所以，当遇到挫折逆境无法控制悲伤时可以大哭一场来宣泄苦闷。也可以通过写周记、书信等形式向朋友倾诉自己的烦恼苦闷。总之，教师、教练、同伴辅导员必须为他们提供一些切合实际的情绪宣泄渠道，积极引导学生冷静客观地分析挫折的原因，走出逆境。

通过有关提升抗逆的团体活动，切实提高同伴辅导员的抗逆力。对他们进行培训后，由他们在训练队中带领队员开展心理健康教育活动，传播正能量，通过积极的暗示、调试、鼓励、评价来处理训练、学习生活中遇到的应激事件和不同类型的心理困扰。对于训练成绩的进步及时给予肯定，用肯定同伴、对手，代替原来的恶意打击报复、言语中伤。

第四章 体心融合,培养有抗逆力的学生

实验组、对照组 100 米训练成绩对比表

对照组	实验前成绩	实验后成绩	成绩上升值	实验组	实验前成绩	实验后成绩	成绩上升值
1	12.4	12.1	0.3	1	11.9	11.5	0.4
2	13.6	13.4	0.2	2	12.6	11.9	0.7
3	10.5	10.4	0.1	3	13.5	12.1	0.6
4	12.3	12.1	0.2	4	10.6	9.7	0.9
5	11.8	11.3	0.5	5	11.5	10.4	1.1
6	13.9	13.6	0.3	6	13.2	11.6	1.6
7	11.6	11.2	0.4	7	12.3	11.0	1.3

如上表所示:通过3个月时间的实验,实验组100米短跑成绩明显高于对照组100米短跑成绩。可见,同伴教育对于提高运动员学生体育运动成绩有所帮助。实验组组内成员的关系比未参加实验时更为密切,更乐于合作,同伴交流更为顺畅,同感力、解决问题的能力都有所提升,团队意识增强,抗逆力明显提升。

同伴辅导员的角色定位。本次研究中,同伴辅导员扮演了几个极其重要的角色:① 他/她是心理爱好者,对于心理学充满了兴趣、热情,掌握很多心理健康的相关知识。② 他/她是心理宣传员,能够运用各种恰当的方法,适时地在组内队员产生心理困惑甚至悲观失望可能放弃时,将含有心理学知识的正能量传递给队员,通过同伴教育,帮助队员们普及心理学知识,提升抗逆力。③ 他/她是心理活动员,在训练队里,组织队员们开展心理活动,形式灵活多样,如访谈、暗示、调适、团体讨论等,对于在训练队里形成良好的心理氛围和健康的人际关系起到了积极的促进作用。④ 他/她是心理观察员,能够及时地捕捉到队员中的心理需求,发现危机能够及时与老师沟通,有助于学校为队员们提供更有针对性的服务。⑤ 他/她是心理关怀员,队员们在训练中遇到瓶颈,成绩驻足不前,甚至退步的时候,能够给予共情、安慰,鼓励同伴走出逆境。在训练中遇到进步,能够及时给予肯定,有助于队员实现自我价值,提升自我效能感。由点及面,这种辅导逐步从训练场进入队员们的学习生活、社会交往等。

通过同伴辅导员、学生心理社团活动等,我们发现以同伴互助的方式向运动员学

生辐射、普及心理学知识,对提升抗逆力有较好效果。

首先,同伴教育促进抗逆力培养。

以抗逆力理论为指导,抗逆力可以通过学生的体验、感悟和对知识与经验进行统整,转化为学生的内在抗逆力因素,应用于学生的日常生活中。抗逆力的学习本质是体验式学习,真实的逆境是学习抗逆力的最好的环境,有同伴陪伴的真实的训练场、实战的比赛更适合培养学生的抗逆力。研究中,实验组 100 米短跑训练成绩明显高于对照组 100 米短跑训练成绩。可见,同伴教育对于运动员学生的体育运动成绩的提升起到了明显的促进作用。运动员学生可以通过每日的训练、比赛,通过自己在人际活动中真实的参与获得的个人经验、感受、感悟,在团队中进行充分的交流、分享、反思、总结,再次投入实践。这种学习环境中,同伴教育对于学生的合作与交流能力、同感力、问题解决能力、自我效能、自我觉察、设定目标与期待的指导、提升更为及时、适切、有效,不浮于表面,学生更易于接受。

其次,同伴教育支持抗逆力提升。

我们发现学生们对抗逆力知识的学习在方式上更加偏向于自己反思、同伴分享。同伴辅导员通过我们的培训以及所提供的支持,更有意识地去学习心理知识,这有助于他们接受逆境,帮助自己更积极地面对生活。他们面对逆境所表现出来的抗逆力的生活态度能够在同伴中起到榜样的作用,引导更多的人以积极的心态面对训练、学习。在抗逆力的凝聚力的感召下,乐观向上、积极主动、守望相助的氛围逐步形成,抗逆力内在保护因子不断完善,学生的抗逆力也在不断提升,将帮助学生们更好地应对生活的挑战。

青少年阶段正是学生人格形成的重要阶段,同伴教育有助于激发学生的内在抗逆因素,提升学生的抗逆力。这次应用只是对学生抗逆力提升的一次探索,旨在让逆境对学生的不良影响最小化,积极影响最大化,有助于学生身心的健康成长。

(三) 支持系统

1. 表彰机制

积极心理学认为,高兴、激动、放松、胜任感等积极情绪,能够提升个体的心理调节能力、情绪控制能力,提高个体的主观幸福感。由此,学校设立评优机制,培养学生向上心态。结合各类活动开展多种评优活动,如训练积极分子、假期作业标兵、社会实践之星等;利用市运会或者锦标赛等重大赛事,组织开展表彰仪式。一方面宣传先进典型,发挥身边榜样的示范作用,另一方面挖掘学生身上的闪光点,使他们体验成功、进步的快乐,引导学生形成努力向上的良好心态,促进全体学生的全面发展。

2. 教师培训

抗逆力是个体的内在保护因子与外在保护因子共同作用的结果。内在因子是指个体的抗挫折能力,而外在保护因子,是指与个体生活有着密切联系的家庭、学校、亲人、朋友等,良好的师生关系,丰富的参与机会,积极的社会期望等,都是个体抗逆力的保护因子。学校是青少年生活与学习的重要场所,是青少年成长的重要环境,青少年与教师同学相处时间比父母更长,人际关系、学习挫折、生活压力等,对青少年有着重大影响。为此,学校开设面向班主任、全体教师的心理教育培训,通过"非暴力沟通"、"教师压力管理与心理健康"、"情绪感知与自我探索"、"情绪与情感"、"优化个性"、"让我们一起能量守恒"、"职业幸福感与专业成长"、"校园心理危机的预防与干预"、"提升学习'心'动力"等校本课程,使教师关注到,高抗逆力的个体往往有较高的积极情绪,能够调动各种资源,主动应对困难和挑战。对青少年而言,能否以积极的心态对待逆境,往往与周围环境有着密切关系,当教师提供支持和帮助时青少年就会拥有健康的心理与人际关系产生较强的抗挫折能力,反之就会产生不健康的情感体验与行为方式,进而影响青少年的心理健康。

3. 家校融合

家庭是孩子接受教育的第一所学校,而父母则是孩子的第一任老师,也是孩子最亲近的终身教师。家庭教育是整个教育工作不可缺少的组成部分。从成长环境角度看,家庭是青少年抗逆力重要保护因子,家庭氛围、教养方式、关心程度等,都可能影响青少年的性格、自尊心、胜任感等,父母是否爱孩子并给予积极的评价、正确的态度等,直接影响着孩子的抗逆力。

学校针对学生年龄心理的特点,积极开展家庭教育指导。通过家长学校给家长做"心育"专题讲座,借助这一途径向家长宣传心理健康教育的基本知识,与他们共同探讨培养学生良好心理素质的良策。

学校也会邀请教练为家长做讲座,比如高伟峰教练(高磊之父)与家长共谈育儿经,分享运动员的成长历程,他的一番话让人印象深刻:"并不是每个孩子进行体育训练都会成为奥运选手,孩子们接受训练更重要的是能够磨炼意志品质,学会认真与坚持,明白遇到困难不能低头,应该顽强拼搏。"

学校还通过在家长会下发校级刊物《家校之桥》的形式,组织家长学习其中的心理健康教育板块,宣传培养学生抗逆力的方式方法,鼓励家长为孩子创设更和谐的家庭环境,建立良好的沟通,尊重个别差异,互相协助解决问题。学校还把心理健康教育知识以家访的形式送到学生家长手中,与家长共同探讨孩子的教育问题、心理困惑。努力构建家庭教育中渗透抗逆力教育的新模式,健全家庭教育的网络建设,提高了抗逆力在家庭教育中的实效性。

图 13

图 14

四、实施效果

实践研究有效性反馈(部分学生访谈实录节选):

五(1)班冰壶项目的邱玲玲同学在访谈时谈到:一开始进行冰壶训练时,我认为训练十分辛苦,太累了,有时候会对训练有放弃的心思。但经过两年半的训练,我现在对训练十分认真、刻苦,一直都在坚持着,想让自己的技术有更多的提升空间。至于为什么态度会发生变化,我十分感谢我的队友。训练中有很多挫折,也会有失败。在刚练时,要克服上冰的恐惧,克服摔倒的疼痛,这时,队里的大姐姐就会安慰我,告诉我她刚练时,其实和我一样……我感到我找到了知音,她太懂我了。之后,我训练上有任何问题都会请教姐姐,我有什么开心、难过……也会和姐姐说,姐姐会帮我出主意。现在,我已经当上"三垒"了,帮助"四垒"完成比赛,越练越好,比赛有名次了,我感到我的努力没有白费,就越来越努力了。有一次,比赛时因为输得太不应该,感到自责,憋得我难过极了,姐姐安慰我,对我说:"你大哭一场就好了!"我大哭了一场,人也放松下来了。我感觉到:只要我可以平复挫折,我的实力就会开始上升,经过失败,分析原因后,我可以避免下一次的失误。这样一来,我就更加有提升的实力了!训练让我强身健体,更加有团队精神,在女子团体赛中,我要做好"三垒",在混双时,我也要尽力帮助我的队友。

六(1)班羽毛球项目的王彦博同学在访谈时谈到:刚开始训练时,就想着随便玩一玩,教练不在就偷懒,教练布置的也不会全做,总会少练,怎么轻松怎么练。现在因为出去比赛多了,场面也见多了,和强者交手过后,知道自己和别人的差距,就会想着自己总落后于别人,太丢脸了,应该多练习,慢慢就有了想赶超别人的心态,训练也不再偷懒了。记得一次比赛失败了,我垂头丧气的,想想几个月之后的比赛,还会再碰到这个对手,似乎有了心理阴影,我的队友就和我说,怕啥,败了再挑战呗,他比你大2岁,比你老,这辈子还打不赢他了,咱俩一起练。我被他"小强"般的精神感染了,对呀,我还打不赢个"老头"了。我又开始有了信心,好好练习,想着我会变得更加坚强,想着去打败对手。训练可以让我更加健康,不像一般人那样容易生病,因为我们有强大的抵抗力。

六(1)班冰壶项目的周欣同学在访谈时谈到:起初感觉训练很累,对于训练的强度不适应,但慢慢就适应了,现在也不觉得累了。我一直记得失败是成功之母,只有你失败过,才能赢得更好的成功。一次在吉林比赛,第一场我们队输了8分,第二场我们队输了11分,大家都想哭,心里难受,但这种负面情绪过后,大家又会互相鼓励,慢慢地整个人又豁然开朗了。在后面的比赛中,我们扳回了一局,虽然最终还是败了,但我们在心态上更坚强了,在连输的情况下,还能扳回一局,真的是令人鼓舞的一件事。后面的比赛中,再遇到这支队伍,胜负就不一定了,我们有了赢的信心和能力。

七(1)班乒乓球项目的陈仕洁同学在访谈时谈到:对于训练,有时会懒散,有时会非常紧凑,无论怎样的状态,还是非常喜欢训练的。我们女队的比赛会比男队多些,就像这段时间比赛打得非常不好,自己非常害怕,感觉后面的比赛会更难打,害怕自己突破不了自己,以这种心态去练球的话,可能也没什么效果,自己有时感觉要崩溃了,有时会不想打球了。问及现在这样的状态,有什么办法缓解时,她说,自己可能需要教练去盯一下,再有队员能开导一下自己,可能会好,以前也有过类似的情况,慢慢就会过去的。

九(1)班赛艇项目的胡恺馨同学在访谈时谈到:失败的经历对她没有消极影响,顶多不高兴一会儿,自己可以调节的。问及为什么心态这么好,内心这么强大时,她说,初次遇到困难时想过放弃退缩,但慢慢的就习惯了,后面遇到的类似经历太多了,现在已经习惯了。在这个过程中,我成长了,学会了遇到困难时,不逃避、不妥协,直面困难,战胜它。训练可以让我强身健体,磨练我的意志,让我更加坚强。现在的我,遇到困难后会更有上进心,更加投入。

九(1)班冰壶项目的王卓仪同学在访谈时谈到:我从幼儿园开始练习蹦床,后来去了市队。当时我自己在市队的时候,年纪小,还在上小学。我们训练队只有我一个人被输送到了市队,所以我身边没有什么朋友,看到市队里的同学都有一起被送来市队的朋友,每天有说有笑,我很羡慕。但我只有我自己,遇到问题,我常常喜欢自己坐在角落里钻牛角尖,导致了我很多事情想不通,我埋怨父母把我扔到这里不管我,我埋怨教练让我每天训练,我对于教练的话越来越抵触,教练越是让我练,我越不练,时间久了,专业成绩上不去,没办法,只能退出市队。后来,我来到了区体校,并重新选择了训练项目——冰壶。虽然训练依旧很苦很累,但这一次我身边多了很多小伙伴,我遇到问题时,她们都会来帮忙,开导我,帮我想办法,有时候甚至为了我的事着急,让我感到很温暖。我很快就能从坏情绪中走出来,不再钻牛角尖,现在的我越来越喜欢冰壶项目,越来越喜欢我的队友。

高一(1)班赛艇项目的何欣昀在访谈时谈到:从我四年级起我来到了这个学校,从不知道训练什么项目到现在爱上这个训练项目,从大家伙都不认识到熟悉到无话不说亲密无间,从一开始教我的康教练到现在资深的陈教练,从没有奖牌到现在团队合作获取冠军,从不想训练到刻苦钻研基础动作,从不看奥运会到现在只看赛艇这一个项目,这就是这所学校对我的改变,感谢这所学校里的同学、老师、教练、队友!

在我们学校,重视心理教育的文化教育是丰满的底色,诠释着体育精神的运动训练是青春的亮色,两相辉映之下,孩子们的生命成长才能更加鲜活。培养有抗逆力的学生,势必是各方面全方位作用的结果。我们希望每一名学生运动员在比赛中既能勇于遵守规则地赢,又能够敢于体面尊严地输,乐于挑战艰难、超越自我,善于自我调节压力、增强心理弹性,冷静看待比赛结果,理性分析问题、寻找改善对策。就像郎平对女排精神的经典定义:"女排精神不是赢得冠军,而是有时知道不会赢也竭尽全力,一路走得摇摇晃晃,但站起来抖一抖身上的尘土,依旧眼神坚定!"

第五章

美心融合，培养有悦纳力的学生*

---

* 作者：上海市徐汇中学　谢静　刘思佳　曹令先　刘珺

一、学校特点

上海市徐汇中学是徐汇区一所公办完中。学校创建于1850年,享有"西学东渐第一校"之美誉,是中国近现代教育史上第一所创生诸多学科课程、分学科教学班级授课制的学校。

学校坚持立德树人,秉承"崇尚科学、文理兼通、中西贯通、多彩发展"的办学传统,恪守"汇学"校训精神,培育"成己达人,兴学兴邦"汇学学子。

学校心理健康教育工作始终坚持社会主义核心价值观,育人为本,紧紧围绕学校多彩发展的办学理念,充分发挥学校特色,关注全体学生的心理健康,聚焦美心融合,促进学生全面和谐发展。谈到美育特色,历史上徐汇中学不仅是第一个开设数理化课程的学校,同时也是第一个设置音体美课程,第一个对学生进行油画训练,第一个组建学生西洋乐队的学校。如今作为全国艺术特色学校和市艺术教育特色学校,学校的艺术特色教学,包括美术教育、舞蹈教育、民族乐教育,蓬勃发展。"温柔敦厚,诗教也",古今中外皆推崇以美育促进德育和心育。在继承原有优良传统基础上,在迎接当今教育教学创新形势下,学校持续加强美育与心育融合,将美育不仅仅停留在艺术学科教育、艺术活动开展、艺术技能培养上,而是充分挖掘美育在提高审美情趣、提升人文素养、促进情绪管理、完善人格品质上的功能和作用。

二、美育心育融合的目标

(一) 学校美育目标

美育以形象思维为主,以感情交流为纽带,用美的事物或形象来激发学生的情趣,引起共鸣,达到潜移默化的教育效果。我校的美育目标为:培养和提高学生感受美、鉴赏美、表现美、创造美的能力,最终促进学生追求人生趣味和理想的能力的提升。

(二) 学校心育目标

在学习和认真领会上海市对中小学心理健康教育的相关文件及要求的基础上，结合我校实际，确定我校心育目标：提高全体学生的心理健康素养，培养学生健全心理素质，使其形成完善的人格和良好的社会适应能力，为促进学生整体素养的全面发展奠定基础。

(三) 学校美育心育融合目标

依托自身特色，上海市徐汇中学通过"心课程、心活动、心管理"推进美育与心育的融合，以美促心，培养学生的悦纳力，促进学生多彩发展。所谓悦纳力，包括悦纳自我和悦纳他人，是衡量心理健康的重要指标。悦纳自我是指个体能愉快地接受自己内在和外在，包括身体、能力和性格等方面的所有特征，悦纳他人是指在悦纳自我的基础上，心态平和地与他人相处，良好地处理自己与他人的关系。

在课程方面，发挥课堂教学的主渠道作用，鼓励艺术教师和心理教师从课程目标、教学方法、课程评价上落实美心融合；在活动方面，利用节庆纪念日、仪式教育活动、心理月、研学、志愿服务等契机，开展形式多样、艺术和心理相结合的教育活动，鼓励学生多方面地展现自我，引导学生通过艺术觉察、表达、接纳情绪，在合作中学习人际沟通；在管理方面，提供多级协同平台鼓励艺术学科教师、心理教师间的交流与合作，促进美育心育并举，并能延伸至家庭教育。

三、实施途径

(一) 美中有心，鼓励情绪表达，滋养与陶冶感性能力

有学者认为，美育是一种审美情感教育，其实施是借助多种审美手段，引导受教育者以审美的态度对待世界，通过对美的感受和体验，使个体内在精神和情感升华到崇高的审美境界。这里的美是指什么呢？古今中外的教育家、哲学家皆认同美与善的统一，学校美育不仅要培养学生对艺术世界的审美能力，更要培养学生在现实世界中认同、内化感恩、责任、善良、大气这些积极心理品质。而且，我校美育以形式和过程并

重,关注在感受、鉴赏、创造的过程中感性能力的滋养与陶冶,提升感受能力,促进感性与理性的平衡发展。

在课程设计、评价中,鼓励艺术教师不仅关注学生知识、技能的培养,还要关注学生情感觉察和表达能力的培养,关注学生积极心理品质的培养。具体落实到日常教学,教师会在教学目标中体现心育目标,在课程评价中鼓励学生情感表达,赞赏闪光点。例如,在讲到毕加索的作品时(详细内容请见附件1),教师在教学目标中加入了"通过分析作品,感受画家的丰富情感,理解画家生活背景与不同时期作品间的关系""通过身临其境,体会画中情景,产生共鸣,感受画家对生活的热爱,将这种热爱迁移到日常生活中"。在作业评价中,教师关注过程性评价,采用多角度评价的方式,发掘学生的闪光点,多赞扬和鼓励。比如有的学生构思大胆,想象奇特,十分有创造力;有的学生画面整洁,一丝不苟;有的学生细节之处设计巧妙,表现力十足;有的学生在处理困难的过程中锲而不舍;有的作品虽然没有很出色,但学生表达出来的是真实的想法或情感,比如,对社会热点话题的关注、与同学的沟通与合作、对父母的感恩等。关注这些以此来丰富对学生的评价标准,令学生在感受、鉴赏艺术作品的同时体验到自身及周围环境的美好,获得更多的信心和勇气。

不仅在常规的艺术教学中,我们的艺术教师还有意识地从不同的心理学家、不同的心理学流派中吸取自身所长,润物细无声地将心育融入艺术课堂。比如,美术刘老师的"我喜爱的卡通形象"单元的教学设计,将对自我认识和他人形象的认识的探讨有机地融入到美术课堂中(详见附件2)。再比如,受到荣格的曼陀罗绘画的启发,美术朱老师开展了一节以曼陀罗为主题的绘画课,鼓励学生发挥丰富的想象力,将自己感兴趣的元素运用到曼陀罗的创造中,这大大激发了学生的兴趣,在师生的共同努力下一幅幅充满童趣、丰富多彩的曼陀罗作品孕育而生。

除了课堂,我校还为学生提供各种平台,鼓励学生在丰富的活动中通过作品呈现自我,表达情感,在创造中获得愉悦感,增强自信。例如,我校会在初二年级举办美术创作汇报展,学生需要回顾自己的美术学习经历,重温初中阶段所学到的美术表现方法和技巧,然后创造出自己认为最能代表自己初中时代美术学习的作品,由美术老师进行指导,学生作品定稿后将装框、布展,最终将进行全校或者区内的展示。此外,我

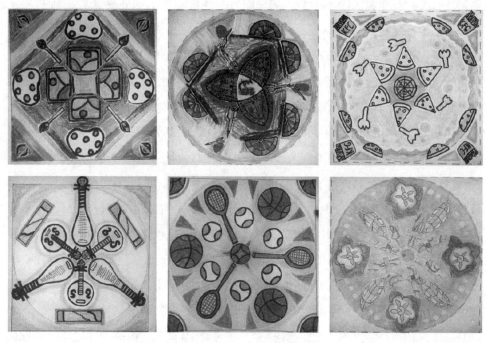

图 1　学生曼陀罗作品

校还以两岸徐汇交流为契机,开展以"根"为主题的两岸徐汇中学师生书画摄艺术联展(详见附件3)。像类似这样的活动不仅可以提升学生的美术绘画技能,而且能鼓励学生运用艺术表达形式呈现自身情感,展现真实自我,为学生增进情感体验和审美体验提供了良好的平台。

(二) 心中有美,鼓励自我展现,促进自我认同与悦纳

美国心理学家斯宾塞曾经说过:"没有油画、雕塑、音乐、诗歌以及各种自然美所引起的情感,人生乐趣便失去了一半,这就会给各种疾病入侵洞开门户。"美育以其独特方式陶冶人的性格,潜移默化地调节情绪,促进人的心理健康。我校心育工作中注重融入美育,积极吸收表达性艺术治疗理念,丰富课程、辅导、活动的形式。

我校心理健康教育活动课的教学计划明确说明,心理健康教育活动课的教学形式要多样化,可以采用团体辅导、问题辨析、情境设计、角色扮演、游戏辅导、心理情

景剧等多种形式进行,鼓励心理教师吸收借鉴美育中的艺术教学方法,将艺术治疗运用到学校课堂教学中。图2和图3分别呈现了两节不同主题的心理课,学生运用剪纸、绘画的方式表达自己在日常生活学习中的感受的场景,学生在制作和分享的过程中重新整理对学习、自身特点的思考,更加积极地看待学习和自我,学习欣赏自己、欣赏他人,提升悦纳力。

图2 心理课"我的学习生活"

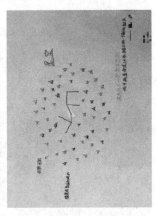

图3 心理课"特殊的黑点"

我校鼓励心理老师学习表达性艺术治疗,如鼓励教师参加箱庭疗法、OK卡、情绪卡、心理情景剧等专业培训,鼓励教师将所学运用到心理辅导中。图4呈现的是心理辅导中沙盘、情绪卡在心理辅导中的运用。

美育活动与心育活动都是学校教育中重要的组成部分,在没有美心融合的顶层设计之前,美育活动与心育活动往往花开两朵各表一枝,缺乏协同意识和资源的整

图 4　沙盘、情绪卡在心理辅导中的运用

合。而近几年心育活动越来越多地将美育中的艺术创作活动融合进来，不仅最大化地实现经验互通和资源共享，而且最大功效地发挥了育人合力。当然，这类活动的关注点不在于学生艺术水平的提升，而是学生内在的心理经验的变化与改善。近年来，我校心理月主题活动（图5），包括"生命的色彩"原创绘画大赛、"植善待安心田"心理情景剧大赛、"多彩的情绪"情绪卡设计大赛等，主题涉及生命教育、积极心理品质塑造、情绪管理等，活动形式吸取了艺术活动的特点，鼓励学生在绘画、心理情景剧编排中了解自己和他人眼中的世界，丰富内心心理经验，发展自我认同，提升悦纳力。

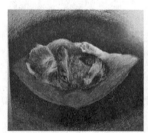

图 5　心理月学生作品、活动一剪影

（三）美心协同，增加现实互动，促进交流与合作

根据腾讯00后研究报告，00后这代生活于移动互联网与社交媒体时代，与同辈的互动形式主要依靠社交工具。虽然网络上的互动和交流有其存在的意义，然而家长

和教育者更希望中小学生能够在现实中增加人际互动,学习人际交流与合作,而学校的集体生活就是非常理想的环境。学校有丰富多彩的团体活动,以活动为契机,在共同目标下,学生们可以充分地发展现实层面的人际互动,练习良好的人际沟通方式,培养团队合作意识。

以彩绘墙创造活动为例,走进徐汇校园,在操场的一角可以看到美轮美奂的彩绘墙,长达23.3米,高3米的墙面上描绘了多彩校园文化在学生心中的形象。东墙以表现徐汇历史文化的画面为主,以徐光启、利玛窦为主角,意在体现"西学东渐"历史主题,再由一卷飞扬的红旗延伸至徐家汇地标性建筑——远东大教堂,与周围的教堂实景遥相呼应,呈现上海市徐汇中学的历史背景。中部由现代氛围浓厚的涂鸦结合上海现代建筑群为主,描绘了现代文化的发展与上海市徐汇中学与时俱进的教育理念,西面结尾墙面突出了科技与艺术的融合。这幅作品从构思初稿、空间选址、设计墙面效果图,到墙面绘制以及细节完善,在老师的指导下,前后六十余名学生参与。在设计初期,学生之间反复讨论、修改方案,少不了沟通,我们来看看其中一位同学的感言:

我和3位同学一起负责绘制远东大教堂,在讨论墙面效果图时我感觉自己已经说得很清楚了,可为什么其他同学都不明白呢?这导致我们的第一稿效果图十分不理想。我十分苦闷,正好在心理课上学到有效沟通一课,我恍然大悟,原来(之前的沟通)少了核对和澄清这个环节啊。随后,在修改效果图时,我有意识地问小伙伴

图6　彩绘墙创造团队

"我说明白了吗？"、"你是指……吗？"，果然减少了不必要的误解，效果图更加接近我们想要的啦！

再以舞蹈教育为例，在舞蹈教学尤其是团体舞课程教学中，舞蹈教师除了关注和提升学生的舞蹈技能外，还有意识地引导学生学习接纳不同个体间的差异性，学习在差异中找共鸣促合作。"苏堤漫步"是我校面向全体预初学生开设的一门普及性舞蹈拓展课，课程目标为：1. 学习中国古典舞的舞蹈技能。2. 自如地、自信地在舞台上为"苏堤漫步"伴舞。3. 通过团体舞的创编、排练和展示，学会主动交流，取长补短，提升人际交流和团队合作能力。从课程目标的设置上可以看到，我校舞蹈课程不仅重视艺术技能的练习，更重视培养学生自我实现，与人合作的能力。

该课程30课时，期间少不了学生病假或者因其他突发性情况请事假，这就需要有学生为缺席的伙伴充当"替身"，充当替身意味着更改原先自己已经熟悉了的舞蹈，去演绎不同的舞段。在良好的互动氛围和老师的支持鼓励下，许多同学都积极地为缺席的伙伴充当"替身"，其中很多同学的舞蹈水平在整个班级里并不是特别优秀，改变位置需要她们付出额外的汗水和时间，但为了共同的目标，学生们毫无怨言并且积极地利用起课余时间排练。其中一位同学谈到："我也请过病假，当时是常同学临时替了我，课后她还找时间教我，所以接下来我很快就跟上了，这令我感到很温暖。遇到同学临时有事缺席，我也十分愿意做替身。"

无论是共同完成一幅彩绘墙，还是共同呈现一场舞蹈，在这些有趣的现实互动中，学生朝向共同的目标，通过点滴的学习在集体中找到自己的位置，学习求同存异，合作共赢。

四、实施效果

多年来，徐汇中学从顶层设计到管理层面再到一线的教育教学活动，都十分重视美育，尤其是在舞蹈和美术教育上，与心育的有机融合，以美促心，推动学校心理健康教育工作的不断完善和发展。学校美心融合的教育教学工作受到学生、家长、社会的广泛好评(附件4、5、6),校心理月策划也多次获得区优秀组织奖,学生心理主题的作品多次获奖,2018年顺利通过心理健康教育达标校复评。

在美心融合的实践中,我校总结出如下经验:1. 以美促心的重点是课程与活动。课堂是促进学生学习的主要渠道,活动是丰富学习生活的主要方式,美育可以通过课程和活动,润物细无声地渗透心育。2. 以美促心的动力是改革与创新。逐步推进,开拓创新,鼓励多级协同,形成育人合力,促进课程变革与教学方式转变,使美育与心育在教育教学中得以不断融合。3. 以美促心的重要支撑是协同与分享。美心融合需要协作平台的搭建,需要艺术学科教师与心理教师开展广泛的交流与合作,促进不同学科之间的经验分享,取长补短,更优发展。

今后,上海市徐汇中学将继续发挥学校特色,推进美心融合,在高品质学校的建设中落实五育并举,提升学生悦纳力,促进学生的全面和谐发展。

附　件

案例1:"毕加索的情感世界"课堂教学

在"毕加索的情感世界"一课中,以一立体主义大师毕加索的作品为线索,通过讨论画面的色彩、画面中的形象,结合毕加索的生活经历和创作时期,分析毕加索的情感对他创作灵感的影响。

美育目标:理解艺术作品中艺术家如何运用色彩抒发情感,并了解艺术家如何将感受与想法融入到作品的图像或符号中去。感受艺术大师将情感化作创造力激发创作灵感。

心育目标:通过分析作品,感受画家的丰富情感,理解画家生活背景与不同时期作品间的关系。通过身临其境,体会画中情景,产生共鸣,感受画家对生活的热爱,将这种热爱迁移到日常生活中。

画面色彩的情感表达

毕加索在艺术生涯的初期有过蓝色时期与玫瑰红时期(如下图)。

图7　毕加索作品欣赏

蓝色时期的作品与玫瑰红时期的作品分别给同学们怎么样的感受？

学生通过对比能感受到蓝色调作品带着强烈的忧郁感，而相对的是暖色调作品能让人感受到温暖与喜悦的气息。

然后老师展示系列的蓝色与玫瑰红时期的作品，通过了解毕加索的经历，区分这一系列作品的先后顺序。由于1900年毕加索初次来到巴黎开始艺术家生涯，这一时期毕加索关注现实生活，多表现穷困的下层人物生活，因此色调多用蓝色调为主，表达忧郁情感。而从1904年之后，毕加索与他心爱的模特同居，作品的色彩逐渐被粉红色调占据，从而进入玫瑰红时期。

此教学环节目的是让学生了解艺术家的生活情感变化与作品创作间的关系，理解作品色彩的运用对于表达自身情感有着重要的作用。

画面图形的情感表达

在毕加索著名反战题材作品《格尔尼卡》（如下图）中的物品、动物和人物单独截取出来并分组归类，然后将其分别分发给三个小组，要求小组同学按照自己的理解将联想到的不同物体的含义写在图片后面。随后三个小组在总结本组的答案后，老师将这些零散的局部重新组合还原作品，通过重新观察这些局部在原作中的位置、大小等，讨

第五章 美心融合,培养有悦纳力的学生

图8 格尔尼卡

论交流整个作品想要表达的情感和含义。

作品中无论是嚎啕大哭的女人怀里抱着已经死去的孩子,还是画面下方躺着男人,躯体在马蹄下支离破碎,右手却还紧紧握一把匕首,以及从门里探出头的女人手里还举着一个象征光明的灯烛等等,这些女人、马、牛、蜡烛、匕首都在画面中诉说着毕加索眼中的残酷战争。

此次教学活动的设计目的在于激发学生的联想,通过先观察作品局部的不同人物、物体以及它们的状态,思考艺术家可能想表达何种象征含义。然后从局部到整体,以拼图的模式逐步引导学生理解毕加索运用物品象征、人物形态和图形形状来描述战争残酷与抗争的希望。让学生理解如何将自己的情感表现为具有象征意义的图形或物体,化作创造力表达在艺术作品上。

案例2:"培养有悦纳力的学生"美育案例

在预初年级美术课"我喜爱的卡通形象"单元教学设计中,老师设计了两个课堂练习作业,第一个要求同学们运用之前课程中所学习的漫画表情、漫画头像比例和五官的基本形态等知识,完成一张漫画《自画像》。第二个是要求同学尝试寻找他人肖像的特征,运用夸张的方法完成名为《我眼中的你》课堂作业。

129

一、漫画自画像

作为单元第二课时的作业，同学们在学习了头像比例和漫画五官表现方法后尝试为自己绘制一个漫画自画像。在培养学生观察能力和艺术表达的同时挖掘对于自我的认识。我是怎样的脸型，怎样的眼睛和怎样的鼻子等等，看似每天都会照镜子，但当同学们为自己画像时才会发现，自己从未如此仔细地认识过自己的外貌，绘画的对象是如此陌生。

二、我眼中的你

作为单元第三课时的作业，老师将班级同学们的照片装在信封里随机下发，若有同学正好拿到自己的照片则和另一个同学互相交互。然后仔细观察照片中的同学，根据照片中同学的外貌和性格特点，为其绘制一张漫画肖像，并根据这位同学的特长、兴趣爱好或者性格特点为漫画肖像添加背景。

六年级同学们作为一个新的班集体，同学们正处在一个相互认识和了解的过程中，课堂活动环节中，老师随机下发装有同学照片的信封的环节增强了作业的神秘感，激发学生兴趣的同时，让学生对照片中的同学也充满期待。同时通过为同学绘制夸张的漫画肖像，让同学间彼此有了交流认识的契机，熟悉的同学可以尝试在作品中表现对方性格特点，而不熟悉的朋友可以交流兴趣爱好、特长等。从彼此的外貌特征到性格特点同学都需要仔细观察，尝试将其呈现在作品上。

三、评价环节　悦纳自己，悦纳他人

完成《我眼中的你》作品后，同学们将漫画作品中的同学名字写在作品反面，然后将全部的作品粘贴到黑板上，让同学们一起来猜一猜作品中的漫画人物是哪位同学，同时作品的作者需要介绍自己作画时的想法，包括作品中人物外貌的最大特征，怎样夸张地表现了他的特征，这位同学平时与你有怎样的关系？你是如何处理作品的背景和选择上色的。

通过此项同学互评的环节，在检测教学目标落实情况的同时，增强同学间彼此的了解和交流。同时也要让同学们明白，每位同学绘画的能力不同，有些也许栩栩如生，而有些可能略显呆板，但是通过创作者自己的讲述我们可以感受到每位同学的认真观察和努力表达，不用在意对方是否画把你画得漂亮，请接收同学在为你创作时的那份真诚。

最后,老师拿出同学们上一节课的漫画自画像,将作品《自画像》中的漫画人物和《我眼中的你》中的漫画人物放在一起,观察你眼中的自己和同学眼中的你有怎样的不同,并将两幅作品一同保存起来。无论是喜欢自己的作品还是同学的作品,无论是作品是否优秀,都是同学们初中学习生涯刚起航的一个印记,请同学将它们保存好,多年后会发现这是同学彼此留下一个有趣回忆,一个美好的见证。

案例3：两岸徐汇中学师生书画摄艺术联展筹备中的师生对话

本学期学校开展了以"根"为主题的两岸徐汇中学师生书画摄艺术联展,为了有更多契合主题、有质量的创作作品,美术组老师们开设了以此为主题的作品创作课,老师们对不同的学生进行个性化的创作指导。

在作品创作的初期,同学们对于"根"的主题多半只提留在"树根"这种非常表象的理解层面上,在草稿中多半以各种姿态的树根为作品造型主体,缺乏对主题性艺术创作思考的联想和发散性思维,以及缺乏联系生活的情感。

因此老师们在辅导创作的过程中,首先是引导孩子们重新理解"根"的含义。结合两岸徐汇中学艺术展的内容,引导孩子们从狭义的、具象化的树根,转变为对文化之根、艺术之根、城市之根等的抽象化、内涵化的理解,开阔创作的思路,也为学生在创作中能有更多的生活和情感上的体验搭建通道。

同时,要和同学们进行对话,交流想法。初期孩子们可能只是一个不完整的想法,需要老师和他们一起在尝试和探索的过程中,找到与他的想法、情感所契合的画面内容和表现手段。老师要根据学生不同的的性格、能力、特长进行个别化的辅导,保证孩子在有充分的体验感和尝试表达的过程中,尽量在绘画的表现方式和材料运用上给予引导,规避过多的失败感。

一、运用合适的方式,抒发情感

《汇学艺术课堂》是小李同学的作品,画面中表现了同学们在画室里上课的美好时光,同学们的艺术探索之旅从这里起航,所以记忆里画室的时光便是艺术梦的"根"。

图9 学生作品《汇学艺术课堂》

小李同学喜欢漫画,并且漫画技巧也很好,所以选择用漫画的形式表达作品。创作前手绘的效果图画面精致,表现力强。很快就进入了油画创作的阶段。但是不久后发现她的作品进展很慢,老师观察后发现,虽然小李同学漫画技术很好,但是油画颜料并不是她熟悉的绘画材料,因此不断地画了又改,人物的造型僵硬,没有细节,更无法表达温暖的画室时光。她也慢慢变得失望,不愿意继续修改。

对于材料的掌握短时间内无法完成,所以老师决定让她用纸巾、毛线瓶贴的方式表达人物的衣服造型,柔软的纸巾和毛线给画面带来了温暖柔和的质感,表达想法的同时又增添了一份创意。

在老师指导的过程中,引导同学用合适自己的方式在作品上抒发情感,弱化绘画技巧难度的同时增加了学生材料运用的多元化,和艺术表达的自信心。

二、克服困难,品尝成功滋味

作品《艺术的构造》是一张组画,是由三位同学一起完成的。画面中表现了校园、书本、画具、乐器等和同学们学习生活有关的内容,同时运用了解构与重构的艺术创作方式表达记忆中学习的各种片段,几何化较为抽象的表现方式带有很强的探索性。展现了汇学学子努力继承艺术传统,勇于突破创新的精神。

在创作初期,同学们并不知道要用何种方式表达画面,只是有一个合作创作和想要用各种学习工具表达艺术学习根源的想法。为能够形成一组表现方式统一的组画,在与老师讨论后开始尝试运用解构、重构的方式创作。面对陌生的绘画表现方式,同学们显得茫然不知所措,对于需要重新绘制效果图同学们也显得不那么愿意。在老师们鼓励和引导下,小组同学们耐着性子重新来过,随着作品慢慢初具成型,同学们也越来越投入,愿意尝试各种材料效果。

艺术创作是一个反复的过程,可能会遇到各种困难,老师需要不断鼓励和引导学

图 10 学生作品《艺术的构造》

生用正确的方法尝试表达自己的想法,当学生渐渐尝到了成功的滋味,他们便有了再出发的动力。

三、深入研究,寻找创意来源

作品《流金岁月》中,左边是上海徐汇中学的崇思楼,右边是台北徐汇中学的教学楼,一座桥连接着台海两岸的徐汇中学,天边飘来的两岸徐汇校歌的五线谱,金色的河流和天边的音符象征着两岸徐汇中学携手共进,共创20多年的辉煌岁月。

图11　学生作品《流金岁月》

小朱同学平时绘画写实能力较强,画面中建筑比例、质感表现精彩。但在创作时,小朱同学完成两栋汇学建筑后便迟迟无法继续动笔,原因是他不知道还能画些什么,作品缺乏想象力是他的短板。于是经过讨论,决定在严肃的、直线条的画面中,加入跳跃的、有活力的元素。寻找了两岸徐汇中学的共同点后,小朱同学决定在画面中加入校歌五线谱的元素,与建筑的直线形成对比,既增加作品的节奏变化,同时加强了作品的创意和内涵。小朱同学在此创作过程中对两岸徐汇的历史有了更多的了解和认同感。

老师引导学生通过对创作主题内容的深入了解,找到作品创意的切入点,在丰富作品内涵的同时,也增强了学生对于两岸徐汇中学文化和历史的情感体验。

案例4:初二美术创作汇报展中的学生感悟

初二美术班学生创作汇报展中,同学们自己构思创作小稿、自己刷油画底板、自己拆装画框、自己布展、自己画活动海报,通过前三年的学习同学们参与活动的自主性很强,并在创作作品的过程中自信满满。以下是同学们在创作活动中的感悟。

郑茜:在这次美术创作活动中,老师鼓励我们运用了大量的综合材料,尝试新的表现形式,用多元化的艺术形式去创作,让我们体会到不同绘画表现的惊喜效果。同时,老师引导我们要善于运用不同元素在画作中表达自己的主观意愿和思想情感。练习绘画的最终目的还是要激发我们的创造力和想象力。所以我的想象力一下被释放出来啦!这次创作展示活动真是让我们受益良多。

祁力行:我的这幅《艺塑空间》的创作灵感是来自于一部叫《博物馆奇妙夜》的电影,我从电影中的画面得到了启发,于是构画了一个艺术的空间场面,以绘画和剪贴的方式加入了一些历史人物,构成了一个天马行空、奇幻的艺术场景。徜徉在一个由历史、传说、自然组成的奇妙世界中该是一种多么神奇而别样的视觉体验啊!

程雅书:这次初二美术班的汇报展对于我们每个人意义都不一样,可以说是一次美好的尝试,为我们在美术班的时光中画下浓厚的一笔。漫步在四楼画苑走廊上,驻足在每一幅画前,我似乎能看到每一幅画的背后的努力、创意和心血。能看到自己的画挂在这木廊的白墙上,我的内心是激动和满足的,想到自己在崇思楼这几年的学习,最终能以这种方式在这幢老楼里留下自己的色彩和回忆,便是难忘的。在这里我感谢所有为我们付出过的人,这也是这次画展最好的收获。

石知语:在自己画的画挂上墙时,我很是开心和欣慰,但在浏览每一幅画时,我发现:创作是找到一条别人没有走过的路,这不是一件易事。原画是两只水墨画的鸭子,是白色和黑色的世界,我第一个想法是改成彩色的。但是这远远不够!我又认真品读观赏了画作,水墨画是面与面的渲染和融合,大量留白,展现意境与氛围,我将这三点包括前面的一点颠倒——彩色的线与线的交错与分割,不规则画面的填充,更加突出视觉上的冲击。结合这几点,鸭子不仅能脱颖而出,更能够传达我心中对美术的感知、经验、分析、联想、审美和观念!

案例5：心理小卫士毕业感言

图12 心理小卫士毕业感言

第五章 美心融合,培养有悦纳力的学生

案例6:《大众心理学》对我校心理健康教育工作的介绍

为心护航,奠基未来
——上海市徐汇中学心理健康教育工作简介

上海市徐汇中学始名徐家汇公学,创建于1850年,曾被誉为"西洋办学第一校"或"西学东渐第一校",开创了中国学校分学科班级授课制之先河。进入新世纪以来,学校坚持"爱国荣校、崇尚科学、多彩发展"的办学传统,致力于培养有科学素养、艺术修养、人文涵养、文化教养的高情商爱国者。

我校心育工作始终坚持立德树人、育人为本,紧紧围绕学校育人理念,关注全体学生的心理健康,聚焦情商教育,不断完善校园心理文化建设,为学生身心健康护航,为学生幸福人生奠基。

心理小卫士培训

情商课学生作品

心理健康教育工作会议

熊丙奇教授谈生涯规划

心理情景剧大赛开幕

心理情景剧演出

心理主题班主任培训

职业体验——中国银行

心理团训活动

职业体验——展翼自闭症康复中心

图13 《大众心理学》名校风采

第六章

劳心融合，培养有责任力的学生*

---
* 作者：上海市南洋中学　李霞　胡敏

第六章 劳心融合，培养有责任力的学生

一、学校特点

上海市南洋中学是国人自主创办的第一所新式学校、市实验性示范性高中，以科技教育、心理教育、足球运动见长。百廿年来，学校一直坚守"知行并进，为己积福、为家增光、为国桢干、为天下肇和平"的育人思想，旨在培育有责任担当的南洋学子。

学校心育起步于1992年，二十多年来，经历起步探索、拓展发展、规范专业、模式形成四个发展阶段，植根中华传统文化，实践沉淀，以文化自信推进文化育人，传承知行观哲学思想，学校以"立德树人"为核心，形成以"育人为本，德育为先，心理和谐，共同成长"为本的心育文化，逐渐形成讲求修身立德、责任担当的"设境体验，知行并进"心育模式，促进校园"知行文化"的传承与发展，培育自信、韧性、负责的现代南洋学子，实现了学校心育与学校教育教学全面融合。"党建引领，知行南洋在行动"立德育心项目，获评全国中小学德育工作优秀案例。

二、劳育心育融合目标

(一) 学校劳育目标

劳动教育是全面贯彻党的教育方针的基本要求，是实施素质教育的重要内容，是培育和践行社会主义核心价值观的有效途径，增强学生的劳动意识，培育学生的劳动观念，提升学生的劳动能力，激发学生的劳动热情。劳动教育是一种开放的、因人制宜的幸福教育，是教会青少年以劳动获取幸福生活、以智慧劳动创造生活，具有经验性、先进性、前置性的人生核心素养培育活动。劳动教育具有幸福属性，"劳动永远是人类生活的基础，是创造人类文化幸福的基础"。南洋中学以《关于加强中小学劳动教育的意见》指导性文件精神为指导思想，紧紧围绕"知行并进，为己积福、为家增光、为国桢干、为天下肇和平"的育人思想，设境历练，以劳育人、立劳树人。

(二) 学校心育目标

构建形成了以"立德树人"作为根本任务，在"育人为本，德育为先，心理和谐，共同成长"心育文化下，"设境体验，知行并进"心理健康教育课程体系和积极的心理环境。学校在高中不同年级段设定自信、韧性、负责三个不同层次的知情意行育人目标，以培养出具有南洋中学特点、责任担当品质的现代中国学子。

(三) 学校劳育心育融合目标

我校学生处在高中阶段，学校重点关注劳动精神、劳动创造，以及劳动与自身职业发展规划、升学专业取向选择、未来幸福生活之间联系等方面的教育。运用"设境体验，知行并进"心育模式，劳育与心育融合，在学校劳育中培育学生创新、负责核心心理素养，侧重培养学生责任力。学校也正在梳理《设境历练　创造幸福》劳育书籍，总结劳育成果。

三、实施途径与方法

将劳育与心育相结合，培养有责任力的学生，一是头脑创意与动手实践相结合，在创新劳动中提升负责的能力；二是个人发展与社会理解相结合，发展对社会担当负责的能力；三是自主体验与服务精神相结合，在践行中提升服务责任力。

劳育已不再是原来的"学工"，在现代教育背景下劳育更需要我们的思维能力、创作能力、动手能力；在研究型课题实践中，提升创新型劳动能力。劳育与心理课程融合，助力学生了解社会需求，通过提升对社会的责任感，以更高要求约束自己、提升自己，对自己未来职业负责；劳育与志愿服务等各项实践活动有效融合，培育学生劳动精神，助力学生社会担当；劳育与职业体验课程融合，助力学生在劳动体验中了解社会。

(一) 头脑创意与动手实践相结合，在创新劳动中提升负责的能力

科技是我校的一大特色项目，我校科技教育目标是建立符合时代需要并与目前学校实际相适应的科技教育目标体系。建立和完善科技教育校本课程体系，将科技教育

的理念和原则运用到教育教学与心育过程中。完善科技教育的评价方式,优化科技教育的管理。提升科技教育的内涵,形成促进素质教育的科技教育办学理念。

我校的科技教育不仅要传授科学文化知识,还要培养学生求实的科学态度和实践创新能力,培养他们献身社会的精神、高尚的情趣,提高自身对社会的责任意识,承担自己肩负的社会责任。即以科学精神塑造人的同时,还要以人文精神熏陶人。

教育和教学要联系生活实际和亲身实践。教师要树立学生是学习的主体的观念,要让学生的学习有主动参与、体验、互相探讨的机会,让学生在动手、动脑的实践活动中提高科学的思维能力、实践能力和创新能力。

1. 劳动技术课

纵观人类社会的发展,技术是人类文明的有机组成部分,也是经济发展和社会进步的重要推动力量,技术的发展水平反映了社会的发展水平。劳动技术教育是一种提高未来社会成员基本技术素养的教育,是一种开发人的潜能、促进人的思维发展的教育,是一种人人都必须接受和经历的教育。

当今时代,高新技术的发展,广泛、深刻、迅猛地影响着人类的生产和生活方式,对社会、经济的发展起着巨大的推动作用。人一旦停下学习的脚步,便容易因为技术能力方面的落后,被时代淘汰,失去竞争能力。因此在当今社会中,技术素养对每一个人来说都是重要的,它可以让所有拥有它的人从中获益,包括那些可能不会进入技术职业领域的人。这也就是说,实施以培养和提高学生的技术素养为其基本目标的技术教育已成为当代社会个人生存与发展的必要。然而,技术素养的形成并非一朝一夕之事,也不是一两次简单的短期培训就能实现的,需要从小学即开始对学生进行有计划、有系统的技术教育。将技术教育纳入基础教育阶段的课程计划,是当今社会个人生存和发展对教育改革的必然要求。

新颁布的《上海市中小学劳动技术课程标准》对课程的定位是:"劳动技术学科是中小学生在教育者的引导下,通过独立活动或者与他人合作,在设计、制作、使用与维修等一系列劳动体验和实际探究的技术活动过程中学习技术知识,掌握技术操作,增强技术意识,提高劳动技术素养的一门基础课程。"由此可见,劳动技术课的课程特点已经不再局限于单纯技能的学习,劳技课正在逐步转变为需要学生思考、创造与合作的课程。在体验中学习，以更大地发挥课程的育人作用。

我校的劳技课是一大特色，我校在课程设计时强调技术的发展性和多样性。

如在设计环节的教学中，传统的劳技课一般会开设"机械制图"这门课程，通过传统的尺规作图的方式，将设计者的意图通过图纸表达出来。然而，随着科学技术的发展以及信息化的普及，传统的尺规作图已不能适应如今的现代制造业。因此，计算机辅助设计（CAD）技术被引入了课堂，学生学习的场所也从普通教室转移到了计算机房。键盘鼠标代替了原来的铅笔、直尺、圆规。然而，由于计算机工作的特点，其过程学生并无法知道，长此以往，学生会对制图的基本原理变得生疏。因此，我们在实际教学中，往往采用尺规作图和计算机制图穿插的教学方法。让学生先在教室里学习最基本的尺规作图的方法，了解尺规作图和计算机作图之间的关系。而在计算机设计时，又经常会让学生在电脑上模拟尺规作图的方法，去绘制一些还没学到的绘图指令，让学生体会到，通过尺规作图，能够充分认识到不同图形的几何特征，而通过对图形几何特征的分析，我们又可以利用最基本的绘图指令绘出任何几何形状。在这个过程中，学生既学会了符合当今时代发展需要的 CAD 技术，同时也认识到了传统的尺规作图的重要性，更能在研究型学习中，充分利用尺规作图的原理，自行探究复杂图形的画法等。

劳动过程的完整性也是需要注意的一大重点。在课程设计的时候，尽量让学生能够体验甚至参与到整个过程中去。设计是体现劳动技术课程培养学生创新意识的重要方面，我们激发学生对设计的兴趣，引导学生根据需求（自己、他人、社会）进行设计，形成创新意识。技术操作是体现劳动技术课程培养学生技术实践能力的重要方面，应注意培养学生应用技术的能力，提高学生对材料、工具、工艺、能源的理解，引导学生能根据客观条件和客观规律进行操作，使技术与科学知识有机结合。评价是技术活动的一个组成部分，是培养学生现代技术意识和劳动价值观的重要手段。我们注意引导学生对技术活动过程进行评价，提高学生对技术性质、技术文化和质量效益、安全环保等技术意识的理解；引导学生能根据现代技术意识和劳动价值观进行技术评价，使技术、科学、社会有机结合。

例如在3D打印的课程中,学生的学习不仅仅停留在3D打印机的操作这一个问题上。恰恰相反,对于设备的操作在整个学习过程中其实是最被弱化的一个环节。操作3D打印机,就好比操作喷墨打印机,毫无技术可言。而真正体现技术的应该是被打印的内容。因此,我们的课程选择从头脑风暴开始。利用头脑风暴,同学们对老师提出的问题充分发挥了自己的聪明才智,大家各抒己见,提出了许许多多的想法,并阐述了自己的理由。接下去,便是设计的环节。根据之前头脑风暴中大家提出的方案,选择自己认为合适的方案,也可再行改进,利用 CAD 技术,将作品设计成 CAD 图纸。然后再是生产制造环节。由于3D打印机具有高度的智能化,因此,以往劳技课最重视的生产制造环节,如今变得不怎么"重要"了。学生只需要操作 CAM 软件,对生产加工的过程设定一些必要的参数,接下去,一切都交给3D打印机自动完成了。待作品完成后,便进入了评价环节。传统的评价一般是把作品交上来,由任课老师按照一定的标准对作品进行一一打分。然而,评价可以是多元化的,可以依托不同的渠道进行,教师评价并非是最好的方式。在我们的课堂中,作品的评价通过一场模拟交易会进行。这种评价方式高度模仿了一个商品被制造出来以后需要面对的情况。市场的反映,就是对商品最真实的评价。

通过这样的课程设计,学生了解到了劳动的全过程,使得学生能够学会更全面地思考问题,能够知道我们所看到的事物往往只是它们其中的一面,我们应该更完整地关注事物的全过程。

最后要注意的是课程的实用性。劳技课是一门技术性课程,直接面向日常生活,因此劳技课的内容要贴近生活,设计实用有趣的实践课程,让实践教学不再流于形式;利用其他课程所学的知识来解释劳技课上的一些理论,优化劳技课教学的同时促进其他课程的学习兴趣;通过劳技课去解决或解释生活中的一些常见现象,将生活作为劳技课的实践环节。

总之,劳技课是能最直接体现学生劳育水平的一门课程。通过在课程中给学生提供较多自主探究、创新应用、发明创造的空间,增强自己的劳动技能,提升、唤醒、开掘学生的创新潜能和社会责任意识,为社会的蓬勃发展起到推动作用。

2. 人工智能课程

我校是沪上较早开展人工智能进入课堂、进入教学探索的学校。一百多年前老校长王培孙先生创校之时就有爱国荣校、科学救国的思想，面对新一轮人工智能浪潮，学校创设人工智能实验室，成功入选中国电子学会主管的"全国青少年电子信息科普创新教育基地"，并在课程设计时全面引入机器人和人工智能课程，推动科技教育成为学生综合素质发展的核心内动力。

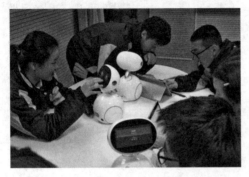

图1 人工智能课堂

2018年，我校配合上海科普教育发展基金会、上海市科技艺术教育中心主办第十五届上海未来工程师大赛。上海未来工程师大赛是一项在上海市教委、上海市科委指导下，以激发青少年对工程技术的兴趣，培养青少年的创新和实践能力，引导学生学以致用，能融合不同学科和领域的知识与技术来解决真实问题，树立团队合作意识的实践活动。项目涵盖机械、电子、计算机控制、人工智能、工业设计、建筑、计算机辅助设计等领域，涉及结构设计、机电自动化设计和创意设计等八大系列，共11个项目。

学校为比赛营造了"优美的校园环境，先进的科技环境，良好的心理环境"。作为上海市科技教育优势发展的典型，南洋中学始终坚持"爱国荣校、科教救国"的办学理念，加强科技与学校各类教育融合，深深植根于对学生创新精神和实践能力的培养之中。

目前学校已经储备了一些人工智能教学实施的教师，已经有9人通过各级各类培训并获得证书，能够胜任人工智能课堂教学，涵盖信息技术、物理、数学、劳动技术等学科。并且各学科都是由学科带

图2 未来工程师大赛

头人、骨干教师等领衔,同时,学校4位教师加入徐汇区人工智能教学核心教研组,参与编写区本中小学人工智能基本要求和教学读本,学校人工智能教育开展推进很快!未来,学校还将吸引更多学科教师以及青年教师加入到人工智能教育中来,打造学校人工智能教育的特色。

人工智能课程的设立为我国培养高端人工智能人才、担负起未来社会的发展打好基础,提升学生的实践能力和知识素养,引导学生从小培养这种责任意识。

3. 科技节

科技节是南洋中学三节之一,给了广大学生发挥创新能力和实践能力的空间。如何让鸡蛋从高层掉落到地面的靶心;如何利用最少的材料搭建出最稳定的结构;如何让纸折出的风车拉动最大载重量的重物;亲手写一份剧本演一出科技实验舞台剧……这些充满思维挑战的比赛项目,让参赛的学生欲罢不能。通过亲手尝试和科学实验,在一年又一年的学校科技活动和比赛中,走出了许多热爱思考、敢于动手、乐于尝试的科技爱好者,学校通过科技教育这个平台,让劳动教育的内涵得到延伸,提升劳动教育有效性。丰富多彩又形式多样的科技活动,一方面通过劳动教育增加学生对科学技术的认知和兴趣,同时也锻炼学生在动手劳动中树立起创新意识、创新思维,提升创新能力,顺应时代要求,学习新思想,坚持科学创作,培养科学精神,实现自身价值。

4. 社团活动

我校的社团活动也是一大亮点,学生利用课余时间选择加入自己感兴趣的社团,并且积极参与社团活动,或是发展兴趣,或是学会一门技能。丰富学生课余生活的同时,也让学生获得了实践劳动、合作互助的机会,让学生在实践和团队合作过程中发展自己的团队责任力。

雪狼篮球社作为上海市首批明星体育类社团,带领了学校体育舞蹈社、乒乓社等众多体育类社团,共同发挥明星社团的辐射和引领作用。

静山摄影社和DV社也是我校的传

图3 茶艺社团展示

图4 OM社团展示　　　　　图5 戏剧社团展示

统社团,拥有着较为悠长的历史。在学校所有的活动中,这两个社团的社员们总会穿上黄色的工作马甲,奔跑在赛场和舞台的角角落落,举起相机记录下校园生活最美瞬间。在采访以及现场拍摄之后,这两个社团的同学们将进一步参与到创作实践活动中,后期的剪辑与加工等待着大家默契的分工合作与反复完善。在实践过程中记录生活中的点滴美好。

学生戏剧社团随着一次校庆活动应运而生,对戏剧表演感兴趣的学生集聚社团,基于项目排练剧目,并系统性学习戏剧表演相关理论、实践知识。本校艺术教师及对戏剧表演感兴趣的教师们以及外聘的中福会少年宫戏剧表演教师,共同组成社团指导教师的队伍。经过两年的实践,我们发现戏剧表演以其充分的实践性,挖掘学生的主观能动性,对学生积极心理品质的提升是全方位的、且有显著效果的,学生在活动中学会新技能,在演出排练过程中培养团队精神,树立为团队着想的责任意识。

科技教育作为南洋中学的传统和特色教育内容之一,学校依托各大科技类社团、科技拓展研究小组等学生自主管理组织在科技总指导、团委指导老师和社团指导老师的带领和协助下,共同参与各项活动。

OM社就是一个能够体现科技创新性劳动理念的典型代表。由徐汇区教育局、徐汇区斜土路街道办事处、徐汇区科委科协主办,上海市南洋初级中学、上海索广映像有限公司、徐汇区青少年活动中心承办的2019徐汇区"斜土·索广·南洋初杯"OM环保系列赛在南洋中学顺利举行。精彩的项目和活动吸引了区内众多中小幼学生及社区家庭的热情参与。我校的学生会科技部常常会与OM科技社团联合,在不同季节、不同节日设计各类科技活动。比如在中秋节时制作小月饼;暑假制作冰花活动;寒假学习制作一则中华优秀传统文化微视频等。让学生在假期中,通过完成这些科技活动感受节日氛围,也同样能够感受劳动带来的巨大魅力。

图6 学生月饼制作

OM社更是有着制作"南洋礼物"的优良传统。每一年伴随着南洋中学学生代表大会和团员代表大会的顺利召开,团委和学生会的学生成员经过换届选举,完成新老交接,新鲜的血液会加入到团学委队伍中。学校团委老师每年也会组织团委学生会的干事们共同设计制作一款形式新颖、别具一格的"退休礼物"送给即将离任的团委和学生会成员,例如印有南洋中学团委学生会标志的马克杯,刻有南洋元素的木牌任职证书,绘有校园景色的纪念明信片等,精彩多样的南洋礼物成为了南洋的品牌和文化。

2017年农历鸡年春节即将来临之际,每位南洋师生都收到了一份特殊的新春祝福,由夏俊老师指导的OM社团自主设计的"南洋结"正式出品。"南洋结"是机器与手工结合的一款带有"南洋元素"的新式中国结,将南洋校徽元素纳入设计中,形成中国结的中间主体形状,再将设计图案转化为雕刻机路径,并将路径导入激光雕刻机中。"南洋结"的主材料由椴木板和红色绸带构成,将椴木板放入激光雕刻机定位后,机器将完成自主雕刻,最后由师生共同手工将红色绸带、珠串和主体木刻图案连成一体,完成制作。2018年农历狗年的新年礼物,师生共同设计了一款带有南洋图案的红色窗花,伴随着浓浓的新春气息,祝全体南洋人新春快乐,万事顺心!

"南洋礼物"凝结和展示了学校的南洋元素,也镌刻着一批又一批南洋师生的爱校情怀。学校标志中央的图案形似两人见面作揖,表达了问候、致谢、讨教,也是对中国文化的一脉相承,带着极厚的历史渊源和人文底蕴,互相作揖的图案在新春之际,又多了一份拜个早年的喜庆,师生共同的劳动成果表露出师生之间、师师之间、生生之间、家校之间、学校和社区之间的相互尊重及共同成长和发展。

5. 课题小组

我校作为科技创新特色学校,所有学生在高中阶段至少参与一项学生课题研究,一方面借助学校教师辅导,另一方面学校与多个研究所建立合作关系,指导学生做好课题研究。在研究型劳动中,接触社会,了解行业,增强劳动意识,提升创新能力,对于创新大赛而言,我校也逐渐从以往只注重工程项目的创新研究,向多学科多领域拓展,申报的学生课题,涵盖了工程、化学、环境科学与工程、植物学、动物学、微生物学、生物医学、行为和社会科学、物理与天文学、计算机科学、生命科学等多个学科。学科领域的拓展,也为学生多样化发展提供了成长的空间。

结合心理社团活动,我校的李霞老师组织学生开展学生心理课题研究,并最终形成了《关注心灵,健康快乐成长——学生心理研究论文汇编》成果。

学生心理研究论文目录(节选)

序　号	主　　题
1	青少年中"沙发土豆"的心态调查和剖析
2	动漫文化对高中生的影响及对策
3	校园"冷暴力"现象调查和研究
4	高一学生对求职方面相关问题的看法
5	探究理科解题策略
6	规则对于学生的潜力开发的利与弊
7	学生抗压力与减压方式调查调查报告
8	如何从孩子角度处理亲子关系
9	上海、南京、绍兴三地市民幸福感调查报告
10	论"3+3"高考改革对上海高中生的影响

课题研究案例 1——生态毒理学

课题名称：中学生对 PM2.5 的急性健康效应评估及应急措施分析

课题指导老师：李云

课题提出：学习了 PM 2.5 相关内容后，学生查阅文献后提出：作为中学生，是与周边空气保持着密切联系的人群之一，无论是体育课还是出操，中学生都无法避免地呼吸外界的空气，所以，关于 PM2.5 对中学生的影响也是极为重要的。但是，目前，国内尚未有针对 PM2.5 对中学生这一特定人群的影响做过研究。

课题实施：课题组成员用塞纳威手持式 PM2.5 测试仪实测出自 2014 年 12 月 7 日起至 2015 年 4 月每个工作日的早晨、中午和傍晚的 PM2.5 数值，与此同时，每月初课题组下发健康调查表统计初中部初一、初二、初三年级和高中部高一、高二年级学生在这一段时间内的身体健康情况。

课题结果分析：根据 5 个月数据监测与调查问卷反馈，重雾霾天气下，中学生长时间暴露在雾霾天气里，会造成不同程度的病症，例如：咳嗽、发烧等等。通常当雾霾的浓度高于 75 $\mu g/m^3$ 时，几天后同学们会有不同程度的生理反应。如图显示 PM2.5 指数与中学生健康关系密切，具有正相关关系。

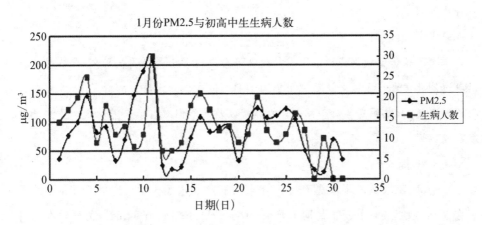

课题评价：近半年的 PM 2.5 监测和学生身体健康调查，课题成员付出了艰辛的劳动，获得了大量翔实的数据，取得了可喜的成果，践行了我校"知行并进"的教育理念！

课题研究案例 2——心理学

课题名称：上海高考"3+3"新政下高中生职业生涯规划现状的调查研究

课题指导老师：李霞

课题提出：

高考"3+3"模式指语文、数学、外语三科不变，考生可以从物理、化学、生物、政治、历史、地理六门科目中选择三科计入高考成绩。这种模式打破了近几年的文理分科的现象，学生可以在六科中根据自身的特长，自主选择。

我们必须思考的是如何选科，也就是涉及到生涯规划的问题。对学生来说，生涯规划应从自我认知开始。自我分析是生涯规划的首要环节，它可以影响一个人职业生涯的方向与成败。学生从初中到高中，首先要对自己初中的学习有准确的定位：如六科中对哪一科比较感兴趣，学科上的优势是什么，劣势是什么，是否具有可补性，并且把这些认知一一地列举出来，为高中的自主选课做铺垫。其次，是对自己职业发展的心理趋向定位。每个学生在不同的阶段对自我目标的认知具有差异性，但我们可以在这些差异中列出若干个自己喜欢的职业，并且把职业与高校高考的选拔相结合，这样就可以随着年龄和经历的增长而逐渐固定下来，并最终成为自己学习奋斗的目标。

课题实施：

本次课题研究数据皆通过问卷星软件平台进行了全匿名调查问卷，在数据总结后对身边的同学进行了匿名访谈。希望同学们可以在轻松无压力的情况下，说出自己内心的真实想法，发现高考新政"3+3"的弊端以及同学们对自己未来职业生涯的了解程度及其规划。

课题结果分析：

1. 有83.51%的同学加选了地理，半数的同学加选了生物。选物理与化学的同学皆在55%左右，而选择历史的同学最少，只占了15.46%。有84.54%的同学在选科时考虑的主要因素是自己的强势学科，其次就是因专业需求而选择，占到了35.05%。但是有5.15%的同学选科是被父母逼迫而有8.25%的同学是被学校强制选择的。而高中生在选课的时候,感到纠结的高达75.26%,说明同学们在综合素质上有所缺失。

2. 从访谈结果以及问卷调查情况不难发现,有超过半数的同学们认为"3+3"选课增加了学业负担,没有达到减压的效果。

3. 高中生对于职业类型的分类界定不清晰。有50.52%的同学有考虑过未来的职业生涯,却依旧很茫然。有16.49%的同学认为高考"3+3"新政于职业生涯规划无影响,而39.18%的同学并不明确其中到底有何联系。

4. 高中生在职业价值取向中最看重的是自我成长。其次是成就感,收入财富以及安全稳定的生活环境。最不为学生看重的是权力与美感。高中生认为影响自己职业生涯发展的最主要因素为兴趣,其次为收入,而家乡及周边经济发展情况被认为是最不会影响自己的职业生涯发展的因素。

(二) 个人发展与社会理解相结合,发展对社会担当负责的能力

学生个人的发展与整个社会的发展情况是密不可分的,社会的发展情况对于学生个人发展起到了一定的影响作用,而学生个人的发展又会推动着全社会的稳步向前。因此,将这两者结合就显得尤为必要。通过劳育,帮助青少年正确评价劳动的意义与价值,增强学生的劳动意识,培养学生的劳动观念,提升学生的劳动能力,激发学生的劳动热情,引导青少年了解社会,以劳动获取幸福生活,以智慧劳动创造生活,有效发挥劳育指向未来的幸福属性。从而增进学生对社会实际情况的感知和了解,增加自身对推动社会发展的责任感,从而促进学生的自我提升,推动其个人生涯发展。

1. 心育课程

根据《中小学心理健康教育指导纲要(2012年修订)》中提到的"在充分了解自己的兴趣、能力、性格、特长和社会需要的基础上,确立自己的职业志向,培养职业道德意识,进行升学就业的选择和准备,培养担当意识和社会责任感"。结合学生的心理特点和需要,将个人发展与社会理解相结合,开展特色心理辅导课程,具体活动主题和内容详见下表。

活动主题	活动内容	活动目标
未来与职业	1. 职业大超市 2. 职业思维导图 3. 家族职业树	1. 了解生涯发展各个阶段的特征、发展任务和分配角色，思考高中阶段是生涯规划的重要阶段； 2. 了解职业分类与特征； 3. 结合自己对未来职业方向的思考，做好高中阶段生涯规划心理准备。
探索我的职业个性——快乐冒险岛	1. 性格画像 2. 快乐冒险岛 3. 霍兰德职业个性兴趣类型	1. 测试并多角度了解自己的职业倾向； 2. 探寻符合职业倾向的相关职业； 3. 了解自己个人职业倾向及其对一生职业生涯发展的影响； 4. 愿意将职业倾向加以整合，作为填报志愿以及未来职业规划时的重要考虑因素。
我的生涯价值观	1. 生涯拍卖活动 2. 生涯价值观卡牌 3. 职业价值观介绍	1. 了解什么是价值观以及价值观在个体选择职业和生活方式中的影响； 2. 尝试澄清并不断确立自己的价值观，在职业规划和生涯发展中能重视个人价值观的作用； 3. 培养健康合理的职业价值观，追求快乐而有意义的人生。
我的能力类型	1. "多元智能"探索 2. 发现之旅 3. 我的特质	1. 简单了解"多元智能"及每个人智能发展的不平衡； 2. 了解自身的特质并发挥特质； 3. 接纳自己的特点，并发挥自己的潜在能力。
职场初体验	1. 职业大超市 2. 职业需求课堂 3. 自我职业规划探索表	1. 初步了解职业的需求； 2. 通过职业的选择体验获得职业时的感受，帮助学生自我觉察，尝试了解、澄清自己的职业需求； 3. 激发学生主动进行自我职业探索的意识，初步尝试进行自我职业探索，明晰自己目前的努力方向。
选科探索	1. 绘制学科海报 2. 决策平衡单 3. SWOT 分析法	1. 进一步了解各学科学习的意义与价值； 2. 通过了解获取信息的渠道，激励学生在课后主动搜索信息，深化学科内涵； 3. 学习运用决策平衡单、SWOT 分析法帮助选科决策。
选择与规划	1. 生涯幻游 2. 我的生涯行动路径	1. 了解职业生涯规划不同阶段进行的内容安排，形成职业生涯发展规划的"金字塔"； 2. 对理想的职业状态进行展望，激发对未来的美好憧憬； 3. 对高中三年的具体规划并落实到行动； 4. 通过职业生涯发展的具体规划激发对生命的珍惜。

通过劳心融合心理辅导课程，帮助高中生对社会的实际情况以及相关职业有着更为深入的了解，并对自我进行充分探究和了解，助力学生更好地规划和成就"未来的我"，对自己的未来负责。体悟"为了建设美好社会，我应该如何做，我应该如何成就更

好的自己",树立推动社会发展的责任意识。

2. 主题班会

主题班会是以班级为单位,围绕某一主题展开的班级会议。主题班会的主题往往聚焦于学生关心的问题,或学生之间在认识上有分歧的问题,旨在通过主题班会澄清是非、解决问题,提高认识。主题班会也可作为传播劳育精神的活动之一,通过制定劳育相关的主题,请学生针对一些现象开展讨论。我校曾开展过一节名为"在人工智能时代我们还需要'劳动'吗"的主题班会,通过各个环节的讨论,帮助学生认识到:在这个人工智能时代,"劳动的价值"并非只有结果,过程才是更重要的,并树立学生对班级劳动的责任心。

案例:在人工智能时代我们还需要"劳动"吗?
执教者:上海市南洋中学　余敏之

教育目标:

1. 让学生感悟劳动的价值并非只有其结果,而更在于过程。

2. 让学生感悟劳动是体现自己对家庭、对班级、对社会而言存在的意义。

教育过程:

一、情景导入

教室里凌乱的环境;放学后,有些值日生不见了,即使是劳动的同学也显得"不太情愿"。

值日生作为一项常规工作贯穿在我们日常的学习生活中,随着年龄的增长,时代的发展,我们越来越觉得这种"常规劳动"被我们所"摈弃",出现这个情况的原因可能有很多,比如,有些同学认为,我们现在的主要任务是学习,这些劳动太浪费时间了,我们没有时间做;教室里脏了乱了怎么办? 有同学提出建议,我们可以用班费买一个扫地机器人,所以值日生劳动是没有必要的。

二、场景讨论

对于这个"建议",你作何评价?

课堂场景:(辩论形式)

请同学们根据自己所持的"建议"分别坐到教室的两个区域,分别阐述自己的观点。

课堂场景：

学生辩论

三、引领讨论

过渡：相信每一个同学对此都会有自己不同的观点和想法，现在老师想问大家一个问题，究竟哪些活动可以叫做"劳动"？

1. 哪些活动可以叫做"劳动"？

课堂场景：

小视频(《实励派》)。

2. 除了视频中展现的劳动种类之外，还有哪些形式也可以被称为劳动？

3. 视频中的劳动和大家所讲的劳动，它们的共同点和区别是什么？

目的：劳动，我们可以获得报酬也可能是无偿的，但我们都能在这个过程中获得一种幸福和快乐，这种幸福和快乐可以是源于自身，也可以是带给别人的。

课堂场景：

照片1：

妈妈在厨房忙碌，将一桌子饭菜端到餐桌上，看着一家人吃饭，脸上洋溢着幸福和快乐。

4. 你觉得妈妈为什么要这么做，你能否体会出她在这个辛苦的过程中获得了什么？

照片2：

清洁工中奖后仍然坚持他的清扫工作。

5. 这位清洁工在中奖后，为什么还能如此快乐地从事他本身的工作，他从中又获得了什么？

6. 分享生活中通过一个"劳动过程"给你带来快乐的事情？

备用提示的照片

自己动手做西点；为父母家人做一顿饭；一家人其乐融融外出购物；旅游过程中沿路风景带给我们的意料之外的喜悦等等。

7. 回归场景

随着人工智能的发展，保护教室环境完全可以由机器人代劳，那设立值日生岗位的目的究竟是什么？

目的：让学生感悟，设立这些"简单"劳动岗位或者进行志愿者服务的目的既是为了分担劳动，更是为了体现劳动过程中的相互服务，体会到其中的快乐。

四、践行

通过分享，同学们可以感悟到一些平时未曾被我们发现的快乐，那就让我们都来感受一下，两周以后我们再开一次班会，将你所做的事情分享给大家。

主题班会说明：

劳动对社会和生活的作用，已被历史和现实所证明。在中外教育史上，从国外的马克思、卢梭、苏霍姆林斯基，到我国的陶行知、宋庆龄、毛泽东、邓小平等，对劳动教育的内涵、必要性及具体的实施，都有系统的思考。作为为未来生活做准备的教育活动，当然也缺少不了劳动教育这一内容。2015年教育部，共青团中央和全国少工委联合下发《关于加强中小学劳动教育的意见》，习近平在全国教育大会上也有对于劳动的重要讲话。

当前中学生中普遍存在缺乏正确的劳动观，表现在缺失一定的勤俭朴实的生活作风；缺少参与劳动的积极性和主动性，表现在缺乏吃苦耐劳的精神；缺少参与劳动的机会，表现在缺乏一定的独立生活能力等等。造成这些问题的原因有很多，社会、家庭、学校都有责任，这里不容赘述。其行为在班级的日常活动中，则较为明显地体现在每天的值日生的工作虽然已经分配，但不免存在偷工减料，能够主动承担教室清扫工作的学生更是少之又少。尤其进入高三后，这一现象更加显现出来，每天临近下午教室的环境就开始凌乱，垃圾桶满出来值日生懒得换，上课结束，值日生草草了事，还会临阵脱逃。对此，笔者曾找同学聊聊出现这一情况的原因，有些同学认为，我们现在的主要任务是学习，我们没有时间劳动；但这只是原因的一部分，更多的可能是"懒"，质疑这些"常规劳动"的必要性，过程中有同学提出，现在已经是人工智能时代了，这些技术含量不高的工作完全可以被替代，班级里可以用班费买一个扫地机器人。基于班级的这一问题，和学生对此产生的想法，笔者设计了一节以"劳动"为主题的班会，用"人工智能时代，我们还需要劳动吗？"这一设问形式作为标题，旨在达到两个教育目标。一，让学生感悟"劳动的价值"并非只有其结果，而更在于过程。二，让学生感悟"劳动"是体现自己对家庭、对班级、对社会而言存在的意义。班会分为四个环节,为解决教室"凌乱"的环境这个问题,学生提出买一个扫地机器人作为导入场景(第一环节)。请同学们就这一"建议"展开讨论,支持者和反对者各自阐述观点和理由(第二环节)。第三环节为引领讨论,通过比较得出不同形式劳动的共同点都是可以从中获得一种幸福和快乐。通过场景照片的展示和自由发言,分享发生在身边的例子,感悟"劳动的价值"存在于这个过程中的幸福体验和快乐获得,这种幸福和快乐可以是源于自身,也可以是带给别人的,并上升感悟出劳动过程中的成就感可以体现出自己对家庭、对班级、对社会而言存在的意义。再次回归到班会第一环节中的场景。班会的第四环节则为践行,请同学们寻找身边这些能够带给我们幸福和快乐的过程,通过体验检验主题班会的收获。

3. 主题讲座

我校经常邀请杰出校友来校讲座,传承家国情怀,如《光明日报》驻以色列首席记者、校友陈克勤向同学们讲述了驻外记者的职业感受,对国家尊严的维护;中国大飞机总设计师、校友吴兴世先生以"继往开来、创业创新"为主题介绍中国大飞机研制之路,深深激励了同学们对蓝天事业的向往;研究校友巴金的周立民馆长为学生带来《中国现代文人的精神风貌》让同学们对社会科学得以近距离地了解……这些学校文化传承的主题教育活动为学生生涯发展有了更具有人文精神、社会担当的内外兼备的指导,学生从讲座中收获许多课本以外的知识,能够拓展自己的视野,也让自己从主讲人的演讲过程中提升自我修养,让自己成为新时代背景下有理想、有责任、有担当的南洋学子。

4. 纪念日教育

我校积极响应习近平总书记"我们都在努力奔跑,我们都是追梦人"的鼓励和号召,学校延续传统,利用植树节、学雷锋日、劳动节、六一节、重阳节等特殊纪念日,开展"做一个有道德的人"系列主题实践活动。引导全校师生向道德模范、最美人物和身边好人学习,推动公益劳动常态化,培养有道德、勇担社会责任的追梦人。

南洋中学与侵华日军南京大屠杀遇难同胞纪念馆的合作已走过20个年头,每年都会有数百名南洋学子前往南京开展爱国主义社会实践,参观纪念馆、祭扫校友烈士朱少屏、上微型团课。

学校和公安博物馆进行了长期合作,已经开展了一系列卓有成效的生命安全教育活动。在生命安全教育周期间,学生进入公博馆参观,结合学校的专题教育和避险演习,体悟守卫、保护生命的艰难和辛劳,关注安全、珍爱生命;体会法律的尊严,生命的价值和意义。每年学校都会输送市、区级优秀学生干部前往公安博物馆,接受志愿讲解员培训,在馆志愿服务时间普遍达50小时以上,均能进行通馆讲解,讲解稿达万字。这是学校和场馆坚持了多年的实践性课程,也是学校标杆性示范志愿服务活动。

每年的清明时节,南洋学子都会携花前往龙华烈士陵园,在校友烈士严庚初、童桂华烈士墓前,举行祭扫仪式,寄托哀思。风雨不忘的仪式教育,中华传承有我,既是一份追忆,更是一份责任。

比如学生通过学校资源和自身资源,联系各种社会公益团体,在学雷锋日以团队的形式深入社区或公共场合,在付诸劳动的过程中体会奉献的快乐,学生在行动的过程中进一步明确自身的社会责任感。

又如今年的国庆节,在中华人民共和国成立70周年之际,由共青团上海市委员会指导,共青团上海市徐汇区委员会主办的"国旗下成长"——上海百万青少年庆祝中华人民共和国成立70周年升旗仪式(徐汇专场)活动,在南洋中学主会场举行。新时期南洋学子通过这场特殊的爱国主义仪式教育,感悟民族精神、担当家国使命,以自己的实际行动向国旗敬礼;用强烈的民族自信心和民族自豪感,为祖国母亲的生日献礼,许下为实现中华民族伟大复兴的中国梦而不懈奋斗的铿锵誓言。

我校通过积极号召各项纪念日活动,培养学生做有道德之人,贯彻"知行并进"德育观,树立自己身为华夏人的责任感和使命感,让学生分别从理论和实践层面,都有所收获。

(三) 自主体验与服务精神相结合,在践行中提升服务责任力

责任力的教育并不能仅仅停留于课堂的理论层面,更需要学生付诸实践,在实际体会中感受。因此我校也给予学生充分走向社会、走入社区的机会,积极参与志愿者活动,发挥自身的特点,引导学生了解个人与社会的共存关系,增强回报社会、服务社会的责任感。

1. 学军学农

南洋中学一直坚持在设境历练中落实学生行为规范教育。多年的教育实践让我们看到,现在的年轻一代,劳动能力较弱,自理和自立能力较差,组织纪律性、集体观念和吃苦耐劳的精神也有待加强。然而现在对学生的要求已经不仅仅是学业成绩优秀,而是要培养全面发展的学生。因此对学生进行劳动能力的提升就显得尤为重要,提升并不仅仅局限于口头,更要通过实践来体现。根据普通高中新课程标准关于综合实践课的要求,学校制度化、规范化地组织学生开展的学军学农拓展性课程活动。这不仅加强了对学生的劳动教育,对学生而言这更是一次难得的机遇和人生历程。

图7　东方绿洲学军

我校对于学军学农活动,有着明确的"八个一"目标,即培养一种习惯(劳动习惯)、一种能力(动手能力)、一种感情(热爱劳动和对劳动人民的感情)、一定技能(劳动基本技能)、一种精神(勤俭节约和艰苦奋斗的精神)、一种责任(为国家、集体和他人劳动的责任)、一种认识(劳动意义的认识)、一种观念(正确劳动价值观)。在参与这两项市级拓展课程中树立劳动观念、增强劳动意识、提升劳动能力、激发劳动热情,并充分认识到劳动的真正价值。

高一年级学军活动中,学生在教官带领下整理内务,将被子叠成一块块"豆腐干",将地面打扫得一尘不染,洗漱用品被整齐地排列……这些虽然都是很小的细节,但无一不在提醒着同学们此行学军的目的,要想真正习得军人的优良品质,吃苦耐劳的作风,仍路途漫漫。在入营仪式上,国旗、校旗冉冉升起,教官的宣言铿锵有力,四校学生代表的宣誓庄严肃穆,寒风中的新时代学子身姿笔挺,信念坚定。服从命令,听从指挥,为国争光,为校旗添彩,在严格的军事训练中同学们将培养艰苦奋斗的意志,增强组织纪律性和集体荣誉感,养成良好的学风和生活习惯。

以高二年级学农为例,学生在施肥活动中,学生们起先不得要领,事倍功半,但经过辅导员的指导,学生们逐渐掌握方法,经过学生的亲身投入与努力,最终达到了事半功倍的效果。在五四农场学农,学生们翻地、种菜、搓草绳,让同学学会了一项劳动技能;挖山芋,让同学品味了劳动收获的快乐;从浇水施肥到植物采摘,大家积极、认真地投入到劳动中,真切地体会到"谁知盘中餐,粒粒皆辛苦"的真谛。

学农的经历让学生们在劳动的苦与乐中锻炼了身体,感悟到劳动的伟大,培养了正确的劳动观念:在劳动中增长了农业知识,提高了劳动技能;在劳动中培养勤奋的品德,感受劳动光荣;培养了吃苦耐劳的品质,增强了劳动观念,磨练了坚忍不拔意志,提高了自理、自律、自强的能力。

图8　学生农场学农

总体而言,通过学军学农的拓展课程学习,对学生进行热爱劳动、尊重劳动人民的教育和生活劳动技能培训,培养了自立、自强的品格和艰苦奋斗的精神,提高了交往、合作和服务的社会能力。学生在劳动中获得一些生活体验,以及从劳动中获得生活的乐趣,培养一种现代新生活的态度与方式,既是今后生活的需要,也是未来生存的需要,更是让其生命更好地发展的需要。

2. 志愿服务

按照《上海市中小学课程计划及其说明的通知》的规定,高中阶段学生社会实践不少于90天,其中志愿者服务不少于60学时。我校根据学校实际情况和课程计划要求,将学生志愿服务工作纳入到学校教育教学计划之中,有计划地安排组织好学生参加社会实践活动。

学校创设校内外劳动教育实践基地,学校十大志愿服务实践基地,在实践中提升劳动兴趣和能力。在校内,学校通过每年"校友返校日"活动,让学生主动、自愿地担任返校日的接待工作,同学们在做志愿者的过程中感受到校友们对学校的依恋,校友们对学弟学妹们的鼓励和期待，树立起"爱国荣校"的自觉性和责任心。此外，学校的心理健康中心每天也有志愿者轮值，负责心理中心各活动室的器材操作和管理，帮助前来参与活动的同学完成各项体验，由此培养志愿者们的劳动素养，以及关爱同学的优质品德。

在校外，多年来我校与专业化场馆共同合作探索，建立多个典型劳动教育品牌项目，提升劳育效果的示范性和引领性。和上海公安博物馆、昆虫博物馆等签约基地的合作，已经形成相当完备的岗前培训、学生轮岗和考核机制。

学校与公安博物馆的志愿讲解员合作项目，每年都有近20名左右的南洋中学高中生，以志愿者的身份走进公安博物馆，经过前期的培训、背稿、考核后正式上岗成为上海公安博物馆的一名志愿讲解员，每位志愿者背诵讲稿近1万字，每人志愿服务（公益劳动）时间超过50小时。2018年公安博物馆志愿服务团队回想到自己当初因为厚厚的稿子而退缩内心也颇为复杂。从当初的胆怯到现在可以十分自信地讲解，尝试与人沟通把自己的知识让别人理解，这是非常困难的，我们每一位志愿者都有着不同的进步。辛勤的汗水总有回报，当看到参观者们脸上浮现的笑容，便是对我们志愿服务最好的鼓励。

昆虫博物馆作为市级科普教育基地，终年无休。每一届的学生都必须全年级排班参与其中，即使是大年三十和大年初一，无论是酷暑还是严寒，从早上九点至下午两点半，也做到6位同学到岗服务。学校与上海昆虫博物馆的合作项目从2016年6月正式签约以来，共承担志愿服务（公益劳动）322场次，参与志愿服务（公益劳动）达1 570人次。

志愿服务为学校开展劳动教育提供了重要平台。学生劳动素养的培养和提升不是挂在墙上、写在纸上的教条，而是学校劳育工作引领学生内化于心、外化于行的追求和目标。多年来，学校不断地探索学生志愿服务，让学生的劳动素养得以很好地启迪和发展。

3. 职业体验日

学校强调感兴趣领域的职业体验，针对高中阶段学生强调与志趣聚焦、专业引领、生涯规划有关的劳动见习体验。职业体验活动能够让学生更全面地了解社会职业,对未来生涯发展形成更为直观的认识,但零散的活动并不能完全达成生涯发展辅导的目标,因此,学校每次寒假布置职业体验活动,学生们以小组为单位借助家长、街道等资源走入各行各业。

图9 机场体验活动

学校开展的职业体验活动分为三个部分,学生需要以小组为单位提前撰写职业体验策划书,在职业体验结束后完成职业体验总结,同时设计和制作职业体验的过程性实录。

通过这一活动,一是让学生走入各类职业环境,了解、体验劳动的过程,了解职业与工作、任务、职责的关系;二是让学生从直观层面体验不同任务类型职业的工作内容、特点和对从业者的要求,以便于他们理解职业的任务类型差异;三是带领学生走入不同的行业领域,拓宽他们的视野,让他们有机会了解不同行业和工作岗位的业务内容,形成对一些行业的基本认知。

通过这些体验活动,学生能为他们从职业任务类型和行业领域适应性层面考虑自己的生涯发展方向提供认知基点,走进社会,将自我需求与社会需求有效整合。也能通过职业体验,感受国家发展和社会进步带来的生活变化,进而意识到自身所承担的建设国家、实现中国梦的历史使命和社会责任。让学生体会在学习、活动过程中做强自己的重要性,自觉提高综合竞争力,项目结束的总结汇报工作让参与的学生体会到责任,以及反思提升的过程,而其他同学得以了解更为专业、更为深入的职业体验。劳动教育能让人在实践中收获技能、经验和能力,帮助学生懂得感恩、学

图10 职业体验活动

会关爱和珍惜生活；帮助青少年学会合作，提高学生的社会化水平，与人和谐相处，注重团队精神的培养，树立集体攻关意识和集体荣誉感，增强社会责任感。

4. 寻找城市奋斗者

近年来，学校利用假期积极组织学生以寻访小队为单位开展"见身边发展，向成就敬礼"城市寻访活动。学生们在假期中举起手中的相机，走向城市的大街小巷，寻找烈日下、寒风中、万家灯火团圆时仍旧坚守在工作岗位上的城市建设者和劳动者。学生拍下了寒冬中在立交桥下维持秩序的交警、清晨空无一人的马路上铲雪工人们辛勤劳作的背影、为照顾患者不辞辛劳的护士和医生，一张张照片无不体现出他们的艰辛。同学们在此过程中，感受身边榜样精神的引领，对城市劳动者的敬意油然而生，用手中的相机记录下这些城市奋斗者的家国情怀。

城市寻访活动，同时也是学校在劳动教育中引导学生树立正确的理想信念。学生以小队的形式走进城市中的各类红色基地开展考察活动，追忆红色之旅，学习革命精神，感悟那独属于中国人内心中的一腔滚烫的热血。

图11 寻找城市奋斗者

把理论与实践相结合是学校开展城市寻访的目的之一。结合课堂理论，在革命精神中践行家国责任。城市寻访活动也是学校开展劳育工作的外延之一，通过自己亲身寻访，感受革命仁人志士不朽的革命精神和奋斗精神。

5. 家校社融合

劳育并不仅仅是学校单方面进行的教育活动，家庭和社会对于学生的劳育精神、劳育技能的培养，也有着不可推卸的责任。家人尤其是父母，对于学生的行为和价值观有着示范作用，家人能够给学生树立一个良好的劳动榜样，将极大地影响着学生的劳动行为发展。社会风气以及舆论对于个人劳动精神和劳动意识同样有着很大的推动作用，当整个社会对于劳动这一行为的态度是暧昧不清的，又或者社会中对于一些体力劳动职业采取比较轻视的态度，这些都会在无形中影响着学生的劳动意识。因此,学校、家庭以及社会都必须为学生劳动观的树立起到正面引导的作用,此时家校社融合就显得尤为必要。让学生的体验和实践从"家"这一小区域做起,并逐渐将范围扩大至学校,乃至整个社会。

南洋中学德育处曾针对家庭劳动进行过问卷调查,调查显示:有的学生认为劳动没有必要,有的学生没有劳动习惯,有的学生不知道怎样才算劳动。中华民族是一个勤劳的民族,有着热爱劳动的传统美德和勤于劳动的优秀精神。但今天的学生怎么会有如此的表现呢?应该看到,事情发生在孩子身上,问题却出在成年人身上,特别是很多做父母的,忽略了对孩子正确劳动观念和习惯的培养。目前在家庭教育中,关于劳动教育的问题主要有教育目标和内容发生错位、教养观念和方法存在误区、家长的错误劳动观影响孩子三个方面。该结果更明确了改进家庭里的劳动教育,培养学生的劳动意识和劳动技能的关键是要达成家庭、学校对劳动教育的共识,形成教育合力,学校要担当起指导家庭有效开展劳动教育的责任。学校有针对性地制定劳动教育计划,确定家长学校工作重点,加强劳动教育和管理。

我校每学期召开一次家长会、一次家长接待活动,老师除汇报班级工作外,充分利用与家长碰面这个机会,强调劳动的重要意义,分析学生的劳动状况,提出具体的指导。向家长认真地分析孩子在劳动习惯与劳动技能上的现状及其成因,并且还向家长提出配合学校进行劳动教育的具体要求,听取家长意见,共同研究和改进工作。在家长会上,通过调查指导家长对照检查自己在培养孩子的独立性与劳动习惯方面的观念是否得当,鼓励他们给孩子足够的时间和空间,让孩子自己的事情自己做,让孩子为家庭做一些力所能及的事情。家长会后,对家长还进行了跟踪访谈,通过谈心式的平等交流,帮助他们转变观念,帮助他们解决在培养孩子家庭劳动习惯方面遇到的实际问题。

古语云"百善孝为先",学校在每年假期中,鼓励并引导学生在家庭生活中开展以"孝亲敬老"为主题的家庭日活动。并以假期告家长书的形式告知每个学生家庭。学校引导学生以实际行动践行,从家庭小事做起,从身边小事做起,参与家庭劳动。如在家拖地打扫整理房间活动、进行买菜购物活动、会使用洗衣机和吸尘器等各项家电干活、能做一些简单的饭菜等,自己能干的事自己干。结合高中生研学活动,在实践中

图12　学生家务劳动

进行劳动教育,让学生在劳动中磨练、成长,在劳动中体悟个人的幸福生活。学会感受父母家人的辛劳与不易,从而担负起作为家庭成员的责任。

为了使这一劳动教育活动开展地更为成功,学校还曾建立家校联系卡。因为这样可以做到双方相互了解。这卡主要记录学生在家参与家务劳动情况,由家长负责签字监督。结合三八妇女节、五一劳动节、母亲节、九九重阳节等节日开展劳动教育,要求孩子通过劳动表达对长辈的尊敬,并把劳动照片发到班级博客,互相学习评比,调动学生劳动的积极性。

我校学生除了完成学军学农两项社会实践课程和各项社会实践活动以外,还积极利用网络发展迅速且发达的特点。一方面坚守宣传栏、电视台、黑板报、文学社团刊物等传统宣传阵地和微信公众号新媒体宣传阵地建设,扩大劳动教育的辐射作用,另一方面学校积极利用社会的宣传媒体进行学校劳动教育工作的宣传报道。

同时,学校官方微信公众号做到及时发布,团委学生会公众号往往以学生喜闻乐见的方式对各类劳动活动、志愿服务活动开展宣传,弘扬优秀劳动模范事迹,引导学生树立正确的劳动观念,积极践行志愿服务精神。特别是近年来学校开展的"文明小博客"专题活动,在高中学生之中充分利用网络这一新兴教育渠道进行记录跟进。

例如:学雷锋日期间学生们纷纷开微博记录自己的志愿者行动和感悟,宣传雷锋精神,通过网络的力量,让更多的人参与志愿者服务;新生军训期间,各班级开设班级博客,记录军训点滴,彰显"掉皮掉肉不掉队"的军人精神。一方面通过网络渠道展示班级建设活动;另一方面也在主流媒体展示南洋学子崇尚劳动的青春风采,进而推动学生在劳动实践中进一步提升思想道德素养。

近年来,学校充分利用各类宣传渠道,让学生在活动中发挥自己的能力,增长自己的劳动技能,也让学生们通过公众号、微博等新媒体,感怀新时代劳动精神引领下的积极影响,激发学生的劳动积极性和民族自豪感。

四、实施效果

我校通过上述三种手段,从多方位对学生开展劳心融合教育,培养富有责任力的学生。虽然许多内容的实施仍在发展阶段,但可喜的是,我校在各个方面都获得不错的成绩。

(一) 志愿者服务

学校通过志愿服务的专业化发展,将学校劳动教育与课题研究相结合,提升劳育工作的外延性和指导性。学生以团队为单位在场馆中开展志愿服务的同时,开展专题性的微课题研究和论文撰写。在前期志愿者招募和培训的过程中,学生需要对场馆内的展品和展区的背景和资料进行深入的研究和学习甚至背诵,经过学校和基地的面试、笔试等环节的考核,才能正式上岗服务,这也为学生开展课题研究提供了契机。学生以团队合作的方式递交馆内馆外学习研究报告提纲,由班主任进行初选,再交由学校科研室参与选拔,组织调配指导师资,辅导学生攻坚克难,完成研究报告,并协助学生开展汇报交流。

学校从 2014 年开始参与由上海市中小学德育研究协会主办的"进馆有益"微论文活动,已经连续 4 年获得优秀组织奖。学生与公安博物馆共同合作的《关于上海市高架路电子警察实时路监测系统的研究》和《和谐警民关系研究》等微论文荣获上海市一等奖和二等奖的好成绩。2017 年南洋中学共有 10 篇微文荣获市级奖项。

学校通过对志愿服务工作的及时梳理和总结,建立了多元化的评价体系,保障了劳育工作的不断优化和可持续发展。一方面,学校与签约基地定期走访,了解学生志愿者工作情况,共同制定下一阶段的志愿服务计划。同时,学校每学期开展一次志愿服务(公益劳动)总结和表彰大会,整合基地考核意见,评选校级优秀志愿服务团队和优秀志愿者,并在此基础上上报区级和市级优秀志愿者。2014 年开始,学校团委及时将学生的感悟收集、梳理成册。由学生自主编辑、出版了《做一个有担当的人——南洋中学学生志愿服务实录集》，真正做到在"知晓"中"践行"，在"践行"中"明责"。

（二）社团活动

静山摄影社成立至今，社团的成员在各级各类的比赛中获奖无数，徐逸群同学多次获得"天平·位育初中杯"一二等奖，曹志恒同学获得一等奖。徐逸群同学还获得了2016年"同达杯"二等奖，王延凤同学的作品更是包揽了2014—2015庄臣杯的1—3等奖。

南洋中学茶艺社被评为"2019年徐汇区中学阶段明星社团"，南洋中学DH舞蹈社被评为"2019年徐汇区中学阶段优秀社团"。

南洋中学茶艺社是一个学习茶艺、茶道的中学生社团。传承茶艺精神，弘扬中国传统文化是茶艺社创社初衷。在楼佳如老师的指导下，茶艺社不仅参与了学校各类对外交流展示活动，在上海市中学生茶艺比赛中获得各类奖项，还创作出许多具有创新精神的表演形式，参加各种社区志愿服务。楼老师认真负责、细心指导，用自己的知识内涵，带领茶艺社社员领略传统文化的精髓，体会茶文化的博大精深。

南洋中学DH舞蹈社的成立，目的在于丰富学生的业余生活、增强学生体质，激发学生运动兴趣，为学生终生锻炼打下坚实的基础。年末的迎新晚会表演，学校的运动会开幕、志愿服务等活动中都有舞蹈社的身影。社员们精彩的舞蹈表演离不开王珏慧老师的指导，他们的每一个动作、每个队形都是在王老师的指导下创作并反复练习直至最终呈现。台上一分钟，台下十年功，在王老师的带领下，舞蹈社创作了一个又一个优秀的舞蹈作品，获得多项校、区级荣誉。对于社员们来说，王老师是老师，更是亲密无间的朋友。

2019年11月也有喜报传来，学校DV社的同学们为南洋中学摘得第九届上海市青少年校园影视创作实践活动EFP项目高中组一等奖。在指导老师胡明老师的带领下，同学们积极参与到高一年级军政训练拍摄、校友返校日采访拍摄、艺术节、运动节、科技节，高二南京社会实践，学农实践等活动拍摄记录工作。今年DV社的同学们还积极参加了由上海市科艺中心组织的2019模型节摄像创作大赛，2019年第九届上海市青少年校园影视创作实践活动,2019年上海市科技微电影等竞赛,收获满满也成长迅速。在此之前,DV社参加了2016年"第二届校园原创微视频(FILM)网络展评活动",递交的两部影片分别获得了最佳影片、最佳制作、最佳指导、优秀组织奖和优秀影片奖。通过活动,同学们不仅学习和掌握了摄制视频的各项技能,更记录、感悟、传承了中华优秀传统文化,也展示了各校中华优秀传统文化教育成果。

(三) 课题成果

对于实验性示范性高中学校的学生,有效将劳动精神、劳动创造,以及劳动与自身职业发展规划、升学专业取向选择、未来幸福生活建立联系,立德育心,将学校劳育心育有机融合,注重生涯教育、研究创新实践中培育学生负责、创新等心理品质,培育新一代有担当的南洋学子。

2019年我校学生共获得上海市科技创新成果板块一等奖1项、二等奖2项、三等奖1项,科技创意板块二等奖2项、三等奖2项。学生在研究型劳动中学会开展课题研究,逐步提升创新心理品质。以我校由高三年级黄奕东、卫君珩、陆欣怡、张思敏、李云新同学组成的"南洋知行"小队所开展的题为《立足典型,切实探索之三点半难题的解决探究——以龙华街道为例》案例为例,在与来自徐汇区内小学、初中、高中、中职两百余个团队的角逐中脱颖而出,最终斩获大赛高中组冠军。"南洋知行"小队的本次调研,以低学龄儿童放学后面临的"三点半难题"为研究对象,立足典型,从特例出发,探索解决社会实际问题的方案和路径。在广泛进行社会调研、访谈和问卷调查的基础上,对"三点半难题"进行深入了解和分析,结合文献查阅、专家咨询和可行性评估,最终撰写完成具有可操作性和推广性的方案报告。南洋团队的现场路演和答辩,也得到了在场专家和领导们的认可。学生在研究型劳动中思考社会问题的解决,主动担当社会责任。

图13 学生课题成果汇报

综上所述，我校的学生在志愿者、社团活动、课题研究等方面都有了不小的收获和成果。学生在实践过程中学会思考、获得锻炼，担负起自己作为志愿者、社员又或者是课题研究者应有的职责，在劳动实践的过程中，培养自己的责任力，促使自己成为一名未来可期的优秀学生。

参考文献

1. 陈宏观,陆军.设境体验 知行并进——中学心育实务ABC[M].华东师范大学出版社,2018.
2. 陈远伟.在美术课教学中渗透心理健康教育的意义和途径[J].新课程(中学),2016(07).
3. 房超平.激活学习内驱力的学习方式变革[J].当代教师教育,2018(02).
4. 傅小兰,张侃,陈雪峰,陈祉妍.心理健康蓝皮书:中国国民心理健康发展报告(2017—2018)[M].社会科学文献出版社,2019.
5. 甘茂瑜,胡君.让德育与美同行[J].科学咨询(教育科研),2009(06).
6. 国家卫生计生委等22部门.关于加强心理健康服务的指导意见[J].中国社会工作,2017(04).
7. 乐贵珍,左霞云,涂晓雯,廉启国,余春艳,王子亮,等.青少年自我悦纳情况及影响因素分析[J].中国学校卫生,2019(07).
8. 李庆九.落实"五育"并举 促进学生全面和谐发展——兼谈高品质学校的核心指向及其行动方略[J].教育科学论坛,2019(29).
9. 孟昭霞.从非智力因素视角探索创新人才的培养[J].成都师范学院学报,2019,35(02).
10. 倪婷,胡冰霜.近十年艺术治疗在中国的应用情况及发展趋势[J].西南交通大学学报(社会科学版),2012,13(03).
11. 彭祝斌.论美育中情感教育的审美规定性——关于美育本质问题的思考[J].湖南大学学报(社会科学版),1997(04).
12. 皮连生.智育心理学[M].人民教育出版社,2008.

13. 沈之菲.青少年抗逆力的解读和培养[J].思想理论教育,2008(01).

14. 斯宾塞.教育论：智育、德育和体育[M].王占魁,译.中国轻工业出版社,2016.

15. 王枫.中学生抗逆力的测量与团体干预研究[D].上海师范大学,2013.

16. 燕国材.我在智力和非智力因素领域的探索与追求[J].中国教育科学,2019(03).